U0108454

新雅
名人館

···傳奇畫家···

畢加索

編著 吉文軍

新雅文化事業有限公司
www.sunya.com.hk

新雅 • 名人館

傳奇畫家 **畢加索**

編　　著：吉文軍
內文插圖：李祥
封面繪圖：李成宇
策　　劃：甄艷慈
責任編輯：陳友娣
美術設計：何宙樺
出　　版：新雅文化事業有限公司
　　　　　香港英皇道499號北角工業大廈18樓
　　　　　電話：（852）2138 7998
　　　　　傳真：（852）2597 4003
　　　　　網址：http://www.sunya.com.hk
　　　　　電郵：marketing@sunya.com.hk
發　　行：香港聯合書刊物流有限公司
　　　　　香港新界大埔汀麗路 36 號中華商務印刷大廈 3 字樓
　　　　　電話：（852）2150 2100
　　　　　傳真：（852）2407 3062
　　　　　電郵：info@suplogistics.com.hk
印　　刷：中華商務彩色印刷有限公司
　　　　　香港新界大埔汀麗路 36 號
版　　次：二〇一七年五月二版

ISBN: 978-962-08-6804-7
© 2004, 2017 Sun Ya Publications (HK) Ltd.
18/F, North Point Industrial Building, 499 King's Road, Hong Kong
Published and printed in Hong Kong

前言

　　帕布羅‧路易茲‧畢加索是西班牙的著名畫家。他出生於一個美術教師家庭，少年時先後在西班牙巴塞隆拿和馬德里的美術學院學畫畫，早已流露出他的繪畫天分。

　　畢加索後來遷居法國，與布拉克一起創立「立體派」，奠定了他在西方現代繪畫中的重要地位，成為法國現代畫派的主要代表。人們稱他為二十世紀最傑出、最令人信服、最具獨創性、最變幻無常、最富誘惑力和最神聖的藝術家。

　　畢加索一生最大的特點是不斷繪畫，不斷探索，不斷變化。他一生中的繪畫風格經過多次變化，印象派、後期印象派、野獸派的藝術手法都被他汲取改造為自己的風格。他的才能在於，他能在各種變異的風格中，保持自己粗獷剛勁的個性，而且在使用各種手法時，能達到內部的統一與和諧，從而達到很高的境界。

　　據統計，世界上售價最高的十幅繪畫作品中，畢加索的作品就佔了五幅，價值超過兩億美元。畢

加索一生作畫無數，九十二歲逝世時保留下來的畫作超過六萬幅，包括素描、速寫、草圖等。以這個數目來計算，他的一生中，平均每天要畫兩幅畫。這可以説是一個空前（很可能也是絕後）的驚人數字。

畢加索在第二次世界大戰前後，積極參加反法西斯的活動，又加入法國共產黨，創作大量反對戰爭、主張和平的繪畫作品，並獲得「國際和平獎」。

畢加索在藝術方面是頂級的，但在日常生活裏卻是情人無數，不加檢點。他的名氣大得驚人，畫作開出天價，卻有許多著名的美術學院教授表示看不懂他的畫作。

畢加索到底是一個怎樣的人？希望這本書能幫你認識真正的畢加索。

目錄

一 與眾不同的小男孩

西班牙南部有一個古老而美麗的港口城市——馬拉加。由於北面的安達盧西亞山脈擋住了北方的寒流，所以這裏四季常春，氣候宜人，是個旅遊觀光的好地方。

一八八一年十月二十五日晚上，馬拉加市中心馬爾塞德廣場旁邊的一間民居裏，有個嬰兒靜悄悄地來到了這個世界。他不哭不鬧，一動也不動，安靜極了。

「莫非是個死胎？」接生婆緊張地説。她仔細地觀察嬰兒，發現嬰兒好像還有一點點細微的呼吸。

接生婆馬上抓住嬰兒的兩條小腿，把他倒提起來，然後在他的小屁股上輕輕地拍了幾下，可是嬰兒一點反應也沒有。接生婆只好把他放下，然後輕輕地用手掰開他的小嘴，嬰兒還是沒有反應。接生婆又把他托起來，輕輕地抖了幾下，嬰兒依然沒有一點反應，接生婆急得滿頭大汗。

知識門

西班牙：

位於歐洲西南部伊比利亞半島上，首都是馬德里。東北與法國、安道爾接壤，西面是葡萄牙。面積 50.47 萬平方公里，是歐洲第四大的國家。

這時，嬰兒的家人：他的父母、外祖母、兩個未婚姨母，心裏都很難受。他們焦急萬分，但一籌莫展。

嬰兒的叔叔叫做堂·薩爾瓦多，是當地一位小有名氣的醫生。他看見眼前的情況，便點燃了一根雪茄，走到嬰兒的身邊，吸了一大口雪茄，然後俯身對着嬰兒的小鼻孔輕輕地吹去。在雪茄煙的刺激下，不一會兒，嬰兒就伸手蹬腳，發出了響亮的哭啼聲。

全家人頓時欣喜若狂，父親抱着大哭起來的兒子，急步走到妻子的牀邊：「你快看，他活了！我們的兒子活了！」睡在牀上的妻子這時才放下了心頭大石，臉上露出安慰的笑容。

十五天後，嬰兒被送到當地的教堂接受洗禮和命名儀式。就在這個儀式上，誕生了帕布羅·路易茲·畢加索這個後來讓全世界都知道的名字。

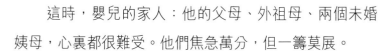

知識門

洗禮：
基督教和天主教的宗教儀式，完成洗禮表示成為正式的教徒。

畢加索的繪畫天分，在他還未學會説話的時候就顯露出來了。有一天，他哭鬧着向姨母要一樣東西，可是姨母聽不明白他咿呀呀地在説什麼。正當姨母感到莫名其妙的時候，畢加索拿起父親的一枝鉛筆，在紙上畫了一個螺旋形的圖案。姨母馬上明白了：原來畢加索想吃甜餅。

　　畢加索的父親荷西是當地一名美術教師，當他知道這件事後，非常重視培養畢加索的繪畫才能。他要求全家人隨時隨地都要給畢加索紙和筆，要盡可能地讓他畫。畢加索自此迷上了畫畫。

　　荷西除了是一位美術教師，還兼任馬拉加市博物館館長。教學之餘，他還要在博物館負責各種美術作品的陳列、展覽、保管、複製和**修復**①的工作，有時也為人畫畫，藉此增加一點收入，補貼家庭開支。

　　畢加索在剛剛學會走路的時候，就常常跟父親到博物館去，博物館裏大量的藏畫使他大開眼界，驚喜不已。他還常常在父親的工作室裏看父親作畫，有時一連看幾個小時也不覺得累。他驚奇地看着父親用畫筆，將五顏六色的顏料塗抹到畫布或畫紙上，變成一幅幅好看的圖畫。

　　父親也常常鼓勵畢加索自己畫畫，不管畢加索畫得怎樣，父親一概給予表揚。父親的鼓勵大大地激發了畢加索畫畫的熱情，他每畫完一幅得意之作，總要拿給父親看，讓父親欣賞一番。

　　畢加索不但喜歡畫畫，而且愛動腦筋。他三歲的時

---

① **修復**：修理使恢復完整。這裏指修復畫作。

候，母親又懷孕了。有一天，畢加索指着母親隆起的肚子，好奇地問：「媽媽，這裏面裝着什麼東西？」

母親沒想到畢加索會提出這樣的問題，她想了想回答說：「這裏裝着一個你的弟弟或者妹妹。」

畢加索驚奇地問：「這是真的嗎？是誰把他裝進去的？」

家裏的人一起笑了起來，外祖母彎着腰，笑出了眼淚；兩個姨母臉上泛起了紅暈，羞澀地笑着。母親邊笑邊告訴他：「是你爸爸。」

畢加索還是不明白：「爸爸為什麼要把他裝進去？」

聽到畢加索鍥而不捨的追問，外祖母笑得快喘不過氣來了，兩個姨母的臉更紅了。母親這時不知道該怎樣回答，只好對畢加索說：「等爸爸回來，你去問他吧！」

母親以為這樣就可以打發畢加索，不料畢加索卻一直在思考這件「奇怪」的事情。晚上，父親剛下班回到家裏，畢加索就抱着爸爸的腿，問：「爸爸，你把弟弟或者妹妹裝進媽媽的肚子裏去了嗎？」

父親一愣，他不明白畢加索在問什麼。這時滿屋子的女人笑成了一團。父親感到莫名奇妙，呆了好一會兒才回過神來，畢加索提出了一個叫他很難回答的問題。

不過，父親沒有生氣，他慈愛地摸着畢加索的頭

說：「好孩子，等你長大了自然就會明白的。你今天畫畫了嗎？」

父親這一招果然靈。畢加索立刻跑進屋裏，拿出他畫的畫遞給父親，然後興高采烈地等着父親表揚。

畢加索四歲時，除了喜歡畫畫外，也愛上**剪紙**。他一雙靈巧的小手剪什麼像什麼：小貓、小狗、小人兒、山羊、黃牛、小毛驢，還有各種花卉和建築物，無不**惟妙惟肖**①。

有一天，畢加索的兩個小表妹為爭一個布娃娃而吵了起來，她們誰也不肯讓誰，連大人也勸不開她們。這時畢加索走了過來，對兩個表妹說：「你們誰也不要爭了，布娃娃有什麼好玩？我給你們剪獅子、老虎好嗎？」

兩個小表妹聽說有獅子、老虎，就把布娃娃甩到一邊，乖乖地跟着小表哥走了。畢加索拿起一把剪刀和兩張白紙，不一會工夫就剪出一隻獅子和一隻老虎，分別送給兩個小表妹。

兩個小表妹拿着畢加索剪的獅子和老虎，高興得愛

> **知識門**
>
> **剪紙：**
> 一種民間工藝。在紙上剪或刻出人物、花草、鳥獸等的形象。也指剪成或刻成的工藝品。

---

① **惟妙惟肖**：形容描寫或模仿得非常好，非常逼真。

11

不釋手。從此，她們成了畢加索最忠實的支持者，時常要畢加索給她們剪東西。畢加索每次都十分樂意地滿足她們的要求。

畢加索除了給表妹們剪紙，他還喜歡把自己剪好的作品貼在牆上，請大家一起來欣賞、品評。每當這個時候，父親總是對他的作品讚不絕口。

有一次，畢加索把姨母男朋友的肖像剪了出來，貼在牆上。因為剪得太像了，大家一眼就認了出來，弄得姨母十分尷尬。

剪紙和畫畫是畢加索童年時最喜愛的活動，他不但自己愛畫畫，也十分喜歡看父親畫畫。父親愛畫鴿子，一生中畫過許多幅鴿子。畢加索在父親的影響下，也對鴿子情有獨鍾。幾十年後，已成為著名畫家的畢加索畫了一幅聞名天下的《和平鴿》，使鴿子從此有了新的含意和象徵意義。

想一想

1. 畢加索小時候最喜愛做什麼？
2. 父親對童年時的畢加索有什麼影響？

二 笨蛋中的笨蛋

畢加索日漸長大了。他有一頭淡紅色的頭髮，兩隻又黑又亮的大眼睛，閃着機靈的目光。他活潑、聰明，是父母的心肝寶貝，兩個姨母也十分寵愛他，外祖母對他更是疼愛有加。

不過，家人過分的寵愛，使畢加索從小就養成了極強的個性。他生性好動，不願受約束，我行我素，這種性格在他一生中不斷影響着他。

畢加索到了上學的年齡，父親把他送到一間就在自己工作的美術館對面的學校讀書。畢加索從小嬌生慣養，對學校那些嚴格的規章制度很不適應，他十分討厭上學，尤其討厭老師每天都告訴他：不能這樣，不能那樣。為了逃避上學，畢加索學會了裝病。

一天早晨，畢加索不想上學，於是又裝起病來。他對父親說：「我病了，病得很厲害，今天不能上學了。」

父親慈愛地摸了摸畢加索的額頭，發現他並沒有發燒，知道他又在裝病，於是微笑着問他：「病了？還病得很厲害？你哪兒不舒服？」

畢加索為了讓父親相信，便理直氣壯地說：「全身都不舒服，從頭到腳，沒有一個地方是舒服的！」

父親笑了：「那好，我們去上學，到了學校一切都會好起來的。」

畢加索急了：「我就是不想上學，才生病的。」

父親聽了哈哈大笑，說：「我就知道你是不想上學才生病的。你現在不上學，長大了什麼學問都沒有，靠什麼養家糊口呢？」

畢加索隨即說：「不是有你和媽媽嗎？你們養我就行了。」

父親耐着性子說：「現在你還小，當然是我們養你，可是我們不能養你一輩子。將來你長大了，也要結婚和生孩子⋯⋯」

畢加索打斷了父親的話，說：「我不長大，也不結婚，更不生孩子。」

父親見一時間說服不了畢加索，上學時間也快要到了，只好硬拖着他向學校走去。一路上父子倆又拖又拽，好不容易才去到學校。

到了學校門口，畢加索還是不願進去。他對父親說：「你要我上學可以，但是你要帶我去看鬥牛。」

知識門

鬥牛：
人與牛相鬥的活動，是西班牙人的傳統活動。

14

「可以，可以。」父親連忙答應他，「只要你好好學習，我一定帶你去看鬥牛。」

畢加索這才可憐巴巴地走進學校。

有時父親忙於工作，便由家裏的女僕送畢加索上學。女僕可沒有父親那麼有耐心，她總是不由分説地拖着畢加索走。有時畢加索實在不願上學，便在街上又哭又鬧，引得好奇的路人側目而視。

畢加索這麼討厭上學，他的學習成績可想而知。在所有的科目中，他最討厭的就是數學。上數學課時，他老是不集中精神，老師在前面講課，他就在座位上呆呆地看着牆上的掛鐘，希望它走快一點，能早一點下課，早一點放學。可是他越希望指針走快一點，就越覺得時間過得特別慢。

有一次上數學課，老師問畢加索：「請你告訴我，七加八等於多少？」

畢加索當時正在發白日夢，他站起來後，還不知道老師在問什麼。老師只好耐着性子再問一遍。

畢加索掰着指頭想了好一陣子，才猶疑地回答老師：「我想應該等於十五。」

老師又問：「那麼，十五加十五呢？」

畢加索飛快地轉動着那雙水靈靈的大眼睛，然後他

的視線又停留在牆上的掛鐘上。他想：掛鐘啊掛鐘，你為什麼不快點走到一點鐘呢？到一點就可以下課了。

老師見他半天答不上來，有點不耐煩地說：「到底等於多少？你知道嗎？」

「等於一點鐘！」畢加索順着自己的思路回答。這個出人意料的答案，引起全班同學的哄笑。

數學老師忍無可忍地對畢加索大聲呼喝道：「笨蛋，應該等於三十！」

畢加索無心學習，但他對繪畫的興趣卻越來越濃。他上課時常常不專心聽講，喜歡偷偷在課桌下畫畫。父親在檢查他的作業本時，總是發現裏面幾乎什麼都沒有寫，只畫滿了各式各樣的畫，父親為此傷透了腦筋。

同學們知道畢加索的畫畫得好，也喜歡向他討畫。畢加索對同學們總是有求必應，他常常畫一隻**紐芬蘭犬**給這個同學，畫一隻**波斯貓**給那個同學……許多同學都收過他的畫。

不過，有時候一些同學因為畢加索成績差而嘲笑他。這時，很有個性

知識門

紐芬蘭犬：

一種體型偏大的狗，原產於加拿大。毛髮又厚又直，腳掌寬大，擅長游泳，性格溫馴。

波斯貓：

一種長毛的貓，據說起源於波斯（即今伊朗），後傳入歐洲、英國。波斯貓圓頭、扁鼻、短腳，眼睛又圓又大，毛髮又厚又蓬鬆，體態優美，舉止優雅。

的畢加索就會反駁説：「我會畫畫，你會嗎？」

「會畫畫有什麼用？會畫畫能當飯吃嗎？」嘲笑他的同學也不甘示弱。

就這樣你一句我一句，有時雙方吵得幾乎要打架，直至其他同學勸開才算了事。

父親和老師的管教、同學的諷刺都沒法改變畢加索，他依然我行我素——討厭學習，喜歡畫畫。他甚至用繪畫的眼光來看待數學符號，他覺得「0」像眼睛，「3」像耳朵，「7」反過來不就是鼻子嗎？

有時在課堂上實在坐不住，他就以上廁所為藉口，溜出課堂，東遊西逛。回到課堂，他也從不認真聽課，而是偷偷地在課桌下畫畫。

有一次，老師又發現畢加索在課桌下偷偷地畫畫，就故意提問他。沒想到，畢加索站起來説：「老師，我給你畫張畫好嗎？」

老師十分生氣，於是把他關起來，希望他能好好反省一下。

畢加索無所事事地坐在禁閉室裏，很不習慣。他東張西望，突然發現禁閉室潮濕的牆上有水印，那水印像天邊的一片雲，又像一匹馬。接着他又發現另一面牆上的水印像一個人⋯⋯

他看得入了迷，腦袋裏不斷想像着各種事物。接着，他拿出本子和筆，又畫起來了。這裏沒有老師阻止他，他也用不着偷偷摸摸地畫畫。不一會兒，他就像進入了忘我的境界，好像來到了一個與課堂截然不同的「繪畫樂園」。

他畫啊畫啊，全然忘記了時間。直到老師放他出禁閉室的時候，他還有點依依不捨。禁閉對他與其說是懲罰，還不如說是變相放假。有了這次經歷，畢加索常常在上課時故意惹點麻煩，好讓老師罰他到禁閉室，他便有機會自由自在地畫畫。

從此以後，畢加索成了禁閉室的「常客」。在老師的心中，他是一個不成材的「笨蛋中的笨蛋」。

想一想

1. 哪些地方反映出畢加索對繪畫的熱愛？

2. 你同意畢加索是「笨蛋中的笨蛋」這個說法嗎？為什麼？

三 初露鋒芒的少年天才

儘管畢加索的學業成績極差，被老師認為是「笨蛋中的笨蛋」，父親還是沒有放棄對他的培養。父親自己雖是個美術教師，但畫技卻很一般，而且創作不多，題材有限，不能算是一個出色的畫家。不過，他十分了解如何能把畢加索培養成一個傑出的畫家。

父親對畢加索畫的畫向來都讚許有加，他鼓勵畢加索以自己的觀察和想像來繪畫，讓他在繪畫中盡情地表達自己的個性和發揮才能。在父親悉心的栽培下，畢加索的繪畫能力大大地提高。

在畫畫以外，父親還盡可能滿足他的一切要求。畢加索從小喜歡看鬥牛，父親就經常帶他去看鬥牛比賽。由於家境窮困，父親為了節省一張票的錢，往往讓畢加索坐在自己的膝蓋上看鬥牛。

鬥牛是西班牙人傳統的娛樂方式，起源於**克里斯特島**上的早期地中海文化。十九世紀末，鬥牛在其他國

知識門

克里斯特島：
也叫「克里特島」，位於地中海北部、愛琴海南部的一個島嶼，屬於希臘，有說是眾多古希臘神話的發源地。

家早已絕跡，惟有西班牙鬥牛十分風行，並一直保留至今。西班牙人對鬥牛情有獨鍾──他們喜歡這種生與死的搏鬥，獲勝的鬥牛士往往成為西班牙人心中的英雄。

除了帶畢加索到現場看鬥牛，父親還常常把鬥牛中的微妙細節講給畢加索聽。憤怒的公牛、勇敢的鬥牛士、歡呼雀躍的觀眾，都給畢加索留下了極深刻的印象。

一八八九年，畢加索根據他看鬥牛時留下的印象，創作了他一生中的第一幅**油畫**──《馬背上的鬥牛士》。這幅油畫以咖啡色、紅色為主調，畫中有一個鬥牛士騎在馬上，後面有幾個觀眾，繪畫技巧純熟，一點都不像是小孩子的作品。事實上，這時的畢加索還不到九歲。畢加索十分喜歡這幅畫，終生都保存着。

畢加索十歲時，父親任職的馬拉加市博物館閉館。幸好**拉科魯尼亞市**[①]的省立美術學院聘請畢加索的父親當人物畫和裝飾畫的教授。為了生活，父親就帶着全家搬到拉科魯尼亞市。

知識門

油畫：

用油畫顏料在布、紙板或木板上繪製的畫，是西方繪畫的主要種類，也是西方畫家常用的畫畫方式。現存在世的西方名畫多是油畫作品。

[①] **拉科魯尼亞市**：位於西班牙西北部的一個港口城市。

　　一年後，父親見畢加索學習成績實在太差，讀不出什麼名堂，就讓他轉到古阿達工藝學校學習。畢加索在這間以繪畫為主的學校裏如魚得水，繪畫成績經常是「優」、「優上」或「特優」。

　　畢加索十四歲那年，父親調職到**巴塞隆拿**，於是一家人又搬遷到巴塞隆拿。經過幾年近乎專業的訓練，畢加索的繪畫技巧有了很大進步。父親打算讓畢加索到自己任教的巴塞隆拿美術學校深造，提升他的繪畫實力。

知識門

巴塞隆拿：
位於西班牙東北部的港口城市，是西班牙第二大城市，歷史悠久。1963 年設立畢加索博物館。

　　可是，父親的想法被學校拒絕了。校長嚴肅地對父親荷西説：「我們這裏是高等學府，學校規定學生年滿二十歲才能報考，你的兒子才十四歲，還是一個小孩，你這不是開玩笑嗎？」

　　父親對畢加索的繪畫能力瞭如指掌，他十分堅定地請求校長説：「畢加索的繪畫水平並不比二十歲的學生差，您不是説要考試嗎？那就讓他來參加考試吧！如果考不上的話，我無話可説。如果考上了，請您網開一面，在年齡限制上放寬一些。」

　　校長被畢加索父親的堅定鎮住了。他滿臉狐疑地看着畢加索的父親，一時間不知道該怎樣回答。他實在想

不出一個十四歲的孩子能畫得有多好。父親見校長不説話，知道他心中還有顧慮，於是又説：「影響一所學校聲譽的是學生的成績，而不是學生的年齡。您就讓他試一試吧！」

校長想了想，終於同意讓畢加索參加入學考試，但他還是嚴肅地強調：「我只通融年齡，絕不通融成績。」

「那當然，那當然！」畢加索的父親連聲説，「謝謝您。」

父親滿心歡喜地把校長同意畢加索報考的消息告訴兒子。萬萬沒想到畢加索打心眼裏厭惡這種無聊的考試，他認為一切都要按部就班，完全是對天才的扼殺。

在父親的勸説下，畢加索好歹還是參加了考試。考試要求考生在一個月內畫兩幅人物**素描**，畢加索只用了短短幾天就完成了。他把一個面無表情的模特兒畫得咬牙切齒、怒氣衝天；把另一個披着被單的模特兒畫成身披長袍、不可一世的**羅馬**將軍。

知識門

素描：
單純用線條描畫、不加彩色的畫，如鉛筆畫、木炭畫等，注重畫出事物的線條、造型、明暗比例等。可視為畫畫的基本描繪練習，或是創作大型畫作時的草稿。

羅馬：
意大利首都，古羅馬帝國、古羅馬文明的發源地，是世界知名的歷史古城。著名的代表景點有羅馬競技場、聖伯多祿教堂、萬神廟、特萊維噴泉等等。

　　畢加索畢竟是一個只有十四歲的孩子，他對這場父親好不容易爭取得來、關係到他未來命運的考試顯得滿不在乎。

　　畢加索的試卷在學校裏引起了爭議，讚賞和批評的老師各執一詞。

　　不同意錄取他的老師認為：素描最基本的要求就是形要準，而畢加索所畫的素描連面部表情都不對，還把被單畫成了長袍，簡直是視考試如兒戲。如果把這樣的人錄取了，以後還怎麼管理？

　　同意錄取他的老師卻認為：畫中人的面部表情是畢加索故意畫成這樣的，在畢加索的素描中，很多人體部位都畫得很準確，黑白對比也處理得恰到好處。另外，畫中的線條簡潔有力，頗具大師風範。如果這樣的人都不錄取，以後還有誰能錄取？

　　兩派意見爭論得很激烈，誰也說服不了誰，最後只好由校長決定。校長看到畢加索的素描，立即驚呆了，他馬上意識到，自己是第一次，也許是最後一次遇上這麼優秀的考生。最後，畢加索獲錄取了。

　　在巴塞隆拿美術學校裏，畢加索受到更嚴格的繪畫基本功訓練。他在班上年齡最小，經常受到年齡比他大的同學欺負。天性不安分的畢加索為此常常逃課到大街

上畫速寫。

　　校長果然沒有看錯，畢加索的確是一個天才。一八九六年四月，畢加索創作的《最初的聖餐》參加了巴塞隆拿的美術作品展。這幅作品與許多著名畫家的作品掛在一起，雖然沒有得獎，但已受到人們的關注和好評。《巴塞隆拿日報》評論道：「畫中人物富有感情，線條明快而肯定。」此時的畢加索已初露鋒芒。

　　一年後，十六歲的畢加索完成了他少年時期最重要的作品《科學與仁慈》。畫面中間躺着一個身體虛弱、兩眼無神的婦女；她的右邊坐着一個醫生，正在認真地為她看病；她的左邊站着一個修女，修女的左手抱着一個孩子，右手端着一杯水正遞給那個生病的婦女。

　　這幅作品中，醫生代表了「科學」，修女代表了「仁慈」，藉以表達了科學和宗教是同等的重要，畫面寫實逼真，表現手法成熟，完全不像是一個十六歲少年的作品。

　　《科學與仁慈》這幅畫於一八九七年參加在**馬德里**舉行的全國美術展，受到人們的關注和讚揚。當人們得

知識門

速寫：
一種繪畫方法，一邊觀察對象，一邊用簡單線條把事物的主要特點迅速地畫下來。

馬德里：
西班牙首都，也是西班牙最大的城市，位於西班牙境內的中間位置。

知這幅畫竟然出自一個十六歲的少年之手，更是歎為觀止。不久，這幅畫又參加了在馬拉加市舉辦的省美術展覽會，並獲得金獎。

這幅《科學與仁慈》，標誌着十六歲的畢加索已經步入優秀藝術家的行列。

想一想

1. 畢加索對待考試的態度，反映了他的什麼性格？

2. 《科學與仁慈》這幅畫有什麼特別？對畢加索來說有什麼意義？

四 初到巴黎闖天下

畢加索雖然有着與年齡不符的驚人繪畫實力，但他渴望能到更廣闊的天地去學習和創作。在父親的全力支持下，十六歲的畢加索第一次離家遠行，前往首都馬德里，還考入了全國最好的美術學府——聖費爾南多美術學院。在入學考試中，他又重演了在巴塞隆拿美術學校的那一幕，再次表現出他過人的才華。

早在巴塞隆拿美術學校學習的時候，畢加索就對那死板的教學方式十分不滿。在那裏，學生每天都要**臨摹**，教師追求的是細節的真實和虛誇的華麗，不容許有個性的創作。而這些恰恰是追求創新、喜歡展現自己獨特個性的畢加索無法容忍的。

知識門

臨摹：

模仿書畫，照着書畫原本的樣子來寫或者畫，一邊模仿，一邊學習。

畢加索考入聖費爾南多美術學院後不久，發現這裏的教學方法和巴塞隆拿美術學校的同樣保守**刻板**[1]。他忍

---

[1] **刻板**：呆板，沒有變化。

受不了這種扼殺青年學生獨創精神的學風，因此很少到學院上課，反而經常到當地的博物館去觀賞大師的畫作。

畢加索喜歡到他住處附近的公園或街頭畫速寫，觀察周圍的環境，研究各種人物的動態。他發現在這裏的低下階層雖然生活艱苦，朝不保夕，但他們卻是生氣勃勃、積極向上的。只有在這裏，畢加索才能無拘無束地以自己的筆觸勾勒出人物的性格。他畫得十分勤快，有時短短一個月就畫完了兩本速寫本。在這過程中，他不斷地變換手法和技巧，使繪畫的基本功大有進步。

在畫畫以外，畢加索還喜歡與那些漂亮的馬德里姑娘交往。在沒有學院和家人的管束下，畢加索的生活變得越來越放蕩。他經常睡到中午才起牀，起來之後就出外畫畫，房間凌亂不堪，許多房東不滿他的行為，導致他不得不一次又一次地搬家。

後來，畢加索經常逃學、生活放蕩的消息傳到了他叔叔的耳朵裏。叔叔十分生氣，因為他一直在資助畢加索學習繪畫，期望姪兒能努力學習，將來出人頭地、光宗耀祖，沒想到姪兒竟然這麼不爭氣。叔叔一怒之下，斷然停止了對畢加索的資助，致使本來已很貧困的畢加索父親只能更加省吃儉用，把省下來的錢作為畢加索的生活費。

即使如此，畢加索並沒有理會叔叔給他的壓力，他

還是按照自己原來的生活方式，繼續追求繪畫藝術和漂亮的姑娘。

一八九八年春天，畢加索得了一場重病。到他能夠動身起牀時，便立刻離開馬德里，回到巴塞隆拿父母的身邊。父親對他大為失望，畢加索對父親也深感內疚。這年他畫了一幅題為《困惑的畢加索》的素描自畫像，畫中的畢加索瘦削憔悴，兩頰深陷，兩眼中流露着對前途的憂慮和困惑。

貧病交迫的畢加索整日呆在家裏無所事事。這時，他在巴塞隆拿美術學校讀書時的同學巴斯向他伸出了友誼之手：

「去我的家鄉度假吧！那裏空氣清新，對你的病大有好處。」

「你的家鄉在哪裏？」

「在**阿拉貢**[①]，我家在桑·雷恩花園村。那裏環境幽雅，風景如畫。住在那裏，説不定還能激發起你的創作靈感呢！」

為了逃避無聊苦悶的生活，也為了逃避父親冷漠的眼光，畢加索和巴斯一起來到桑·雷恩花園村。

[①] **阿拉貢**：地名，位於西班牙東北部。北面與法國接壤。

　　這裏果然環境優美，空氣清新，畢加索的病很快就好起來了。這是畢加索第一次接觸農村，他感受到一種前所未有的生活情趣。他向當地人學習各種農活：給騾子裝載，給公牛套車，種莊稼，釀酒……他對一切都興致勃勃。在學習的過程中，畢加索仔細地觀察村民的生活，並和當地一個**吉卜賽**少年結下了深厚的情誼。後來他回憶說：在桑·雷恩花園村度過的八個月，是我一生中最愉快的八個月。

　　在農村生活的這段時間，畢加索畫了許多畫，有山村風景、田園風光、勞動的農民、美麗的少女、牧羊人……這些畫的線條鮮明自然，筆觸穩健；內容質樸生動、真摯感人，沒有半點虛偽和醜惡。

　　一八九九年初，畢加索離開了空氣清新、充滿愛和純潔友誼的桑·雷恩花園村，回到了巴塞隆拿。當時西班牙剛剛戰敗不久，巴塞隆拿的大街小巷常有沿街乞討的傷殘士兵。清新的鄉村和紛亂的城市形成了鮮明的對比，畢加索感到巴塞隆拿到處都籠罩着死亡的陰影。

　　畢加索這種感受也反映在他這一時期的作品中：《死神的吻》、《死神的叫喊》、《牧師看望瀕臨死亡

的人》、《牀邊祈禱的女人》、《路易莎的墓前》，幾乎所有的畫作都反映了一個共同的主題——死亡！

在這灰暗的日子裏，畢加索常常去「四貓酒吧」。「四貓酒吧」是一個名叫皮爾·羅莫的人開的藝術沙龍，這裏生意興隆，常常聚集着不同類型的藝術家。他們經常在這裏高談闊論，話題包括政治、哲學、藝術及各種各樣的「主義」。

畢加索雖然從不參與這些人的談話，他對他們談論的政治和哲學問題毫無興趣，但卻喜歡他們慷慨陳詞和激烈辯論的氣氛。畢加索常常靜靜地坐在一旁，仔細地觀察他們的動態，不停地為他們畫速寫。他往往幾筆就能勾勒出一個人的特徵，並反映出人物的性格。

日子久了，人們終於注意到畢加索，並為他的繪畫才能所折服。他們還為畢加索舉辦了一次「畫展」——把畢加索畫的一百五十幅素描、速寫掛在「四貓酒吧」的牆上。人們很容易就在這些素描和速寫上找到自己和身邊的朋友，許多人自此與畢加索成為了朋友。

後來，畢加索厭倦了這樣的生活方式。在朋友的鼓

知識門

沙龍：

在法語中是客廳的意思。十七世紀末至十八世紀，法國巴黎的文人和藝術家常接受貴族婦女的招待，在她們家中的客廳集會，談論文藝。後來這些文人雅士集會的場所就叫做沙龍。

勵下，畢加索決心要到一個更廣闊的天地裏去追求自己的藝術理想。他的好朋友卡薩吉瑪斯對他說：

「去法國的首都巴黎吧！那裏是當今世界的藝術之都，在那裏，你的藝術一定會取得更大的成就。」

其實畢加索早有去巴黎闖天下的想法，可是當他把自己的想法說出來與家人商量時，卻遭到父親強烈的反對：

「巴黎當然好，那裏大師如雲，但你卻連一張像樣的文憑都沒有，你憑什麼去巴黎闖天下？」

「我會畫畫！我想，憑我的畫技一定可以在巴黎立足的。」

「你的畫的確畫得不錯，可是你應該先完成學業，然後找一份穩穩當當的工作……」

父親的話還沒說完就被畢加索打斷了：

「我可不想像你一樣，默默無聞地度過自己的一生。」

父親為此大發雷霆，可是倔強的畢加索寸步不讓。母親一言不發，默默地支持着兒子。爭論了幾個月，父親終於妥協了。

在畢加索十九歲生日的前幾天，他和好友卡薩吉瑪斯啟程前往巴黎。巴黎當時正處於黃金時期，工業、經濟、文化、藝術都在歐洲處於領先地位。

畢加索在巴黎參觀了**羅浮宮**和**艾菲爾鐵塔**。羅浮宮大量精美的藏畫使他流連忘返，艾菲爾鐵塔挺拔向上的氣勢讓他震驚。畢加索愛上了巴黎的一切，他覺得過去的生活就像潺潺流動的小溪，如今他終於看到了洶湧澎湃的大海。

畢加索還參觀了不少美術館和畫商們的畫廊。那裏有許多運用了不同風格、不同流派、不同技法的繪畫作品，使他大開眼界。他很快就把這些技法暗中學了下來，融入到自己的繪畫中去。

有一次，在朋友的介紹下，畢加索拜訪了當地一個女畫商伯薩·韋爾夫人。這位女畫商頗有眼光，一眼就看中了畢加索從西班牙帶來的三幅以鬥牛為題材的油畫，並用一百**法郎**[①]買下了這三幅畫。過了幾天，又有一個名叫馬納奇的畫商用一百五十法郎買下了幾幅畢加索的其他畫作。

知識門

羅浮宮：
位於巴黎市中心塞納河旁邊，原本是王宮，後來改為博物館，藏有大量珍貴的藝術品和畫作。現時羅浮宮內較著名的藏品有達文西的油畫《蒙娜麗莎的微笑》。

艾菲爾鐵塔：
又叫「巴黎鐵塔」，法國巴黎著名建築，位於塞納河南岸馬爾斯廣場北端。1930年以前為世界最高的建築物。

[①] **法郎**：法國貨幣。現時法國已停用法朗，改用歐元。

二百五十法郎與畢加索日後畫作所售出的天價比起來是微不足道的，可在當時，畢加索卻非常高興，因為這筆錢相當於當時巴黎普通老百姓好幾個月的生活費了。

有了經濟來源，意味着畢加索可以脫離父親的資助，自己養活自己，立足巴黎，並且可以毫無後顧之憂地追求自己所喜愛的繪畫藝術了。

一天，一個富商請畢加索為他畫一幅肖像，説好了酬金是一百法郎。肖像畫好後，那富商卻百般挑剔，只肯付三十法郎。畢加索憤怒地拒絕接受，並對富商説：「我寧可不賣這幅畫，也不要受你的侮辱。你今天不守諾言，將來我要你付出一百倍的代價！」

後來畢加索名氣越來越大，他把這幅肖像重新掛了出來，並命名為《賊》。富商知道後，連夜趕去向畢加索道歉，並花了一萬法郎買下這幅肖像。

想一想

1. 為什麼畢加索説在桑‧雷恩花園村的八個月是他一生中最快樂的時光？

2. 畢加索選擇去巴黎的決定，對他的人生道路有什麼影響？

五 定居法國

畢加索在巴黎自由自在地生活，他不但在羅浮宮和艾菲爾鐵塔留下了身影，也在夜總會和妓院留下了足印。他隨心所欲地歪戴着帽子，留着長髮，繞着五顏六色的方格圍巾，神氣十足地走在巴黎街頭。他這身打扮如果是在西班牙，可能會被人看成是怪物，可是在巴黎誰也不會在意，人們往往向他報以友好的微笑。啊！浪漫、自由、開放的巴黎。畢加索覺得他在這裏完全擺脫了西班牙死板、封閉和受教條拘束的環境。

儘管如此，西班牙始終是他的故鄉。聖誕節臨近了，巴黎的大街小巷都沉浸在歡樂的節日氣氛中。畢加索越來越感到自己是局外人，思鄉之情油然而生。一九〇〇年聖誕節前夕，他回到故鄉馬拉加看望叔叔。沒想到叔叔竟然沒有認出他：「請問你找誰？」

「叔叔，我是畢加索，你認不出我嗎？」

叔叔好一會兒才回過神來，冷冷地說：「你的頭髮怎麼這麼長？簡直像個流浪街頭的人，真不像話！」

「在巴黎我就是這副模樣，誰也不會覺得奇怪。」

「可這裏是馬拉加。」

叔叔留他在家裏吃飯，沉悶、冷漠的氣氛壓得畢加索喘不過氣來。吃完飯，他就匆匆告別叔叔，去旅店投宿了。想不到因為他的打扮古里古怪，連旅店也拒絕接待他。後來在親友的擔保下，他才得以入住。

在馬拉加逗留幾天後，畢加索回到巴塞隆拿。父親見他去巴黎才短短幾個月，就變得如此放蕩不羈、玩世不恭，他對畢加索非常失望。更要命的是，他看了畢加索從巴黎帶回來的畫作，認為畢加索的畫一反傳統技法，變得魯莽粗野，不堪入目。父親對他徹底失望了。

畢加索的父親是個不得志的畫家，他把自己的全部希望寄託在兒子身上，沒想到畢加索竟然在巴黎學了這些亂七八糟的東西回來。兒大不由父，父親意識到兒子已經離他遠去，他再也管不了畢加索了。父親克制着不向兒子發火，但又説不出別的話來。

畢加索從叔叔和父親的態度上也深深地體會到，自己的追求和父輩的傳統觀念有着深不可逾的代溝。在他們眼裏，自己已是不可救藥的了，他為自己得不到父輩的理解而感到深深的悲哀，鬱鬱寡歡的生活給畢加索帶來了巨大的精神壓力。

正在畢加索百無聊賴之際，巴黎畫商馬納奇給他寄

來一封信，表示希望能為他在沃拉爾德畫廊舉辦一個畫展，問他是否同意。沃拉爾德畫廊在巴黎很有名，沃拉爾德曾是著名法國畫家塞尚和高更的經紀人，能在這種地方舉辦畫展，正是畢加索夢寐以求的大好事，於是他立即動身，第二次前往巴黎。

一個多月後，畫展如期開幕，畢加索沒有料到，同場展出的還有另一位畫家的作品，這令他十分不高興，結果他連開幕式都沒去參加。

畫展展出了畢加索的幾十幅作品，而這些作品中，有一半是他剛到巴黎後的短短一個月內畫出來的。

畢加索的畫激情澎湃，他大膽地吸取了各家各派的技法。人們從他的畫中看到了**馬奈、莫奈**①、**梵高**，還有古埃及的影子。人們甚至不敢相信這些風格各異、令人眼花繚亂的畫作竟是出自一人之手。

巴黎《藝術報》這樣評論畢加索：他的才華是多方面的，但由於太

知識門

梵高：

荷蘭畫家，二十多歲才開始畫畫，早期的畫作顏色較昏暗，後來到巴黎學畫，畫風變得色彩明亮，惜因壓力導致精神失常，曾揮刀割下自己的左耳，最後自殺而死，年僅三十七歲。代表畫作有《星夜》、《向日葵》等。

---

① **馬奈、莫奈**：兩人都是法國畫家。

過急於求成，所以沒有形成自己的風格。

正因為這樣，到畫展結束時，畢加索的畫竟然一張都沒有賣出。這次畫展使他意識到自己的問題，自此畢加索開始追求自己的風格。他按照自己對世界的理解來繪畫，減少到博物館和畫廊看藝術大師們的作品，以免受他們影響。

一九○一年，好友卡薩吉瑪斯因失戀而自殺，畢加索將生活上不如意的情緒反映到畫作上。他喜歡用藍色為**基調**①，表現人的種種痛苦與孤獨。一九○一年至一九○三年間，他先後完成了《卡薩吉瑪斯之死》、《藍色自畫像》和《人生》幾幅畫。畢加索這時期所畫的人物多是老人、病人、窮人、飢餓的人和殘疾的人。

不久，經紀人馬納奇開始干涉畢加索的繪畫創作。當初馬納奇獨具慧眼，看出畢加索以後一定會出人頭地，他不但買下畢加索的部分畫作，而且答應每月給他一百五十法郎的資助。畫商資助畫家的最終目的當然只有一個——賺錢。可是，這段時期畢加索的畫確實得不到顧客的**青睞**②，於是馬納奇勸畢加索改變一下繪畫的風

---

① **基調**：這裏指美術作品中主要的色調。
② **青睞**：比喻喜愛或受重視。

格和內容，以迎合顧客的需要。

個性倔強的畢加索斷然拒絕了馬納奇的要求，他依然以藍色為基調去描畫社會最低層的小人物。後來人們把畢加索這段時期的繪畫稱為「藍色時期」，這個時期一直持續到一九〇四年。

馬納奇不甘心就這樣放棄賺錢的機會，決定再一次為畢加索舉辦畫展。為了多賺些錢，他還請了藝術評論家寫一些讚揚畢加索的評論。可是，畫展的結果和上次一樣：來參觀的人很多，卻沒有一個人買畫。馬納奇大失所望，還開始懷疑自己對畢加索的判斷，不久他就斷絕了對畢加索的資助。

失去經濟來源的畢加索變得窮愁潦倒，可他還是不願意放棄對自己風格的追求。為了藝術，也是為了生活，畢加索多次往返巴塞隆拿和巴黎。直到一九〇四年，畢加索才定居法國，很少再回西班牙。

畢加索一生大部分的時間是在法國度過的，他最著名的繪畫作品也是在法國創作的，隨着他的名氣越來越大，就連法國人也認為畢加索是法國的驕傲。只是畢加索從沒有忘記自己的祖國是西班牙，他一直沒有把國籍改為法國。

畢加索開始在法國定居時，居住在巴黎的塞納河北

岸一棟被人稱為「洗衣船」的灰色大樓裏。

　　一天下午，一場突如奇來的大雨，成全了他和一個名叫費爾南多的美麗少婦的愛情。當時，畢加索抱着一隻流浪的白貓，為躲避大雨，跑進了「洗衣船」裏面。費爾南多也為躲避大雨而跑了進來，大雨淋濕了她一頭又長又黑的秀髮和別着紅玫瑰的亞麻布外套。在畢加索眼裏，端莊秀美的費爾南多就像一朵**出水芙蓉**[1]。

　　畢加索攔住了費爾南多的去路，向她作自我介紹，並邀請她到自己的畫室裏作客。費爾南多也向他介紹了自己，並接受了畢加索的邀請。

　　髒亂的畫室使費爾南多十分驚訝，她笑着說：「瞧你房子這麼髒，我都不知道該站在什麼地方了。」

　　畢加索看着滿地的書籍、顏料、畫筆和**擦筆布**[2]，他早就習慣這樣的髒亂。他笑了笑，然後直截了當地對費爾南多說：

　　「你很漂亮，我能為你畫張畫像嗎？」

　　「當然可以。」費爾南多大方地答應了。

　　「太好了，你坐好。」畢加索為她找來一張椅子。

---

[1] **出水芙蓉**：原指水面上初開的荷花，後用來形容女子嬌柔清麗。

[2] **擦筆布**：由於畫筆上的油畫顏料用水洗不去，畫家往往用布擦去筆上多餘的顏料，那塊布就叫擦筆布。

　　畢加索一邊為她畫像，一邊和她聊天。費爾南多說：「我在巴黎出生，父母是在街上擺地攤的，母親死後，我就被寄養在姑媽家，可是姑媽對我不好。我十七歲就嫁人了，不料丈夫精神失常，我只好出走，靠自己的力量養活自己。」

　　畢加索也向她訴說了自己的生活和藝術創作，他們談得很投契。畢加索不知不覺已經為費爾南多畫好了，他對這幅畫十分滿意。費爾南多看了以後也說：「你畫得真好。」

　　「如果你願意，我還可以為你畫，把你的一生都畫下來。」

　　就這樣，他們相愛了，這是畢加索第一次真正享受愛情生活，他們一起生活了八年。

　　費爾南多的出現給畢加索的生活帶來了一股暖流。從這時起，藍色在他的畫作中漸漸退去，而玫瑰紅色卻漸漸變成了主要色調。後來人們把他這個時期的繪畫稱為「紅玫瑰時期」，這個時期一直持續到一九〇八年。

想一想

1. 畢加索第一次在法國舉辦的畫展成績如何？對他日後有什麼影響？

2. 畢加索早期的繪畫可分為哪兩個時期？各有什麼特色？試描述一下。

六　引起爭議的《亞威農少女》

　　費爾南多的出現不但使畢加索慢慢改變了畫的色調，似乎也給他帶來了好運。一九〇五年，畢加索結識了三十二歲的美國傳記作家潔楚・斯坦茵小姐和她的哥哥。斯坦茵家族財力雄厚，眼光獨到，他們結識了很多畫家朋友，家中收藏了很多畫作。

　　斯坦茵小姐第一次到畢加索那又髒又亂的畫室拜訪時，一眼就看中了他的畫作《執花籃的小女孩》，並以八百法郎買下來——這個價錢對畢加索來說是空前的高價，他們從此成了好朋友。在斯坦茵小姐的介紹下，畢加索認識了畫壇的野獸派大師**馬蒂斯**。

　　隨着畢加索的名聲越來越大，他的作品售價也越來越高。一個曾經嘲諷畢加索是瘋子的畫商，一次過就用二千法郎買走了他三十幅畫，這筆錢夠畢加索用好幾年了。

　　畢加索的經濟狀況得到改善，

知識門

馬蒂斯：

法國畫家，野獸派的代表，與畢加索相差12歲。野獸派的風格特色是用色明亮而強烈，以線條為主要的表現手法，利用相鄰的對比色使畫面看起來有震撼的效果。

他心情舒暢、意氣風發，全情投入到對繪畫藝術的追求和探索之中。他的「藍色時期」還沒結束，「紅玫瑰時期」就開始了。他的「紅玫瑰時期」開始不久，「立體主義」也在心中騷動起來。

一九○七年，畢加索創作了一幅《亞威農[①]少女》（當時不叫這個名字）。這幅畫後來被認為是立體主義繪畫的最初楷模，也是畢加索早期的傑作。有人甚至認為：即使畢加索從此不再畫畫，他也可以憑這幅畫躋身世界繪畫大師之列。可是這幅畫剛完成，就在巴黎畫壇掀起了軒然大波。

畢加索為了創作這幅畫，花了四個多月的時間，先後畫了十七幅草圖和上百幅相關的素描。他在這幅畫中一反文藝復興以來，畫家們一直奉行的人體比例和遠近透視法則，將人物和背景變成多個幾何形狀，並將其壓縮在一個薄薄的平面裏，使人物的軀體看起來好像是用幾何形狀拼湊而成的，但又在某些幾何形狀上加上陰

知識門

文藝復興：

指歐洲（主要是意大利）從十四世紀到十六世紀文化和思想發展的潮流。這時期的主要思想特徵是人文主義，提倡以人為本，肯定人的價值，反對以神為本的宗教思想。當時文學家着重描寫的是活的人，美術家所描繪的也是人物和自然景色。

[①] **亞威農**：巴塞隆拿一條妓女街的名稱。

影，造出立體的感覺。《亞威農少女》畫中有五個令人毛骨悚然的妓女，她們的臉像是帶着面具一般的死板，一點兒也不生動。

畢加索的朋友們看了這幅畫都覺得莫名其妙，不知道他到底想表現什麼。斯坦茵小姐一向支持畢加索，並對藝術有獨到見解，但這次她也一反常態地不置可否。

與畢加索成為了朋友的大畫家馬蒂斯看了這幅畫更是悖然大怒，他認為這幅畫是一種煽動，一種暴行，一種對「繪畫的大屠殺」。

馬蒂斯怒不可遏地對畢加索身邊的朋友說：「這簡直是在嘲笑現代藝術運動！」

俄國收藏家史楚金具有高超的鑒賞力，曾經收藏大量畢加索的作品。當他看到這幅畫時，也十分遺憾地說：「這對藝術界來說是一個多麼巨大的損失啊！」

這時，一個名叫布拉克的法國青年畫家，卻有着與眾不同的看法。他一看到這幅《亞威農少女》，就意識到這是一場前所未有的革命。他滿懷激情地對畢加索說：「這幅畫使我感覺到好像有人正在喝汽油又同時在點火。」布拉克長相英俊，對繪畫、音樂都有很高的造詣，他還擅長拳擊和快步舞。他受過良好的教育，生活也一帆風順。後來他和畢加索成為好朋友，並共同創立

了法國的**立體派繪畫**。

有一個叫肯惠拉的德國人，看了這幅畫後，大加讚賞，並對畢加索說：

「如果你願意，我想收藏這幅畫和這幅畫的所有草圖。」

在一片責難聲中，能碰上這樣的知己，畢加索當然十分高興。可是，畢加索當時已有一定的名氣，不用靠賣畫維持生計。再加上，在惡評如潮的情況下，他正在反思和檢討自己的畫作。在沒有得出結論之前，他不想隨便賣掉自己花了四個多月才完成的畫，於是畢加索很客氣地對肯惠拉說：

「對不起，這幅畫我還沒畫完。我從不賣我沒畫完的作品。」

肯惠拉遺憾地走了。不過，畢加索後來再也沒有在這幅畫上添加過一筆。直到十八年後的一九二五年，有人把這幅畫刊登在《**超現實主義**①革命》雜誌上，並首次用了《亞威農少女》這個名稱。隨後又過了十二年，這

知識門

立體派繪畫：
這種畫派的畫作主要特點是，由不同的視點觀察對象，並將不同角度看到的造型整合在同一個畫面上。

---

① **超現實主義**：現代西方文藝思潮，認為夢境、幻覺、本能比事實更能表現精神深處的真愛。

幅畫才首次在巴黎展出，後被美國紐約現代藝術博物館買去收藏。

《亞威農少女》當年雖然沒有得到大多數人的認同，但畢加索的畫卻越來越受買家歡迎。一九〇八年，一位俄國收藏家用高價一口氣就買了五十幅畢加索的畫。畢加索當窮畫家的日子一去不復返了，他帶着費爾南多搬到了皮加爾宮附近的克利希大街十一號。當他離開「洗衣船」時，鄰居們都議論紛紛，説這個原來吃了上頓沒下頓的窮小子買彩票中了頭獎。

隨着經濟狀況好轉，畢加索僱了一個女僕，讓她負責煮飯和打掃衞生，費爾南多基本上不用幹家務活。畢加索在物質方面也盡可能地滿足費爾南多的要求，可是費爾南多對安逸的生活並不滿足，她和很多女人一樣，希望丈夫陪在她的身旁，給她關心和呵護。

可是畢加索太專注於自己的繪畫藝術了，他在完成《亞威農少女》後，與布拉克一起專心研究探索「立體主義繪畫」。在這期間，畢加索先後完成了《花瓶》、《少女的頭》、《披紗的裸女》等作品，致力發展立體派繪畫。畢加索寄情於藝術，卻忽略了費爾南多。費爾南多對他的不滿與日俱增，畢加索也覺得與她越來越無話可説。

　　他們之間的愛情走到了盡頭，雙方都在尋求新的感情寄託。畢加索愛上了一個名叫伊娃的女人，而費爾南多也迷上了一個名叫烏馬爾多·歐的意大利畫家。畢加索耐心地等待着費爾南多先採取行動。

　　一九一二年春，費爾南多不辭而別，跟那個意大利畫家走了。畢加索也決定了和伊娃同居。為了表示和費爾南多決裂，畢加索又一次搬家了。

　　想不到，費爾南多很快就厭倦了那個意大利畫家，她又回過頭來找畢加索，希望這個曾經和她共同生活了八年的男人能與她重歸於好。可是，當她趕到克利希大街十一號時，發現早已人去樓空。

1. 畢加索使用了哪些藝術手法來創作《亞威農少女》？這幅畫有什麼特點？

2. 人們對《亞威農少女》有什麼評價？

七　第一次婚姻

　　一九一三年五月三日，畢加索的父親病逝。畢加索趕回巴塞隆拿參加父親的葬禮，儘管父親對他後來的繪畫創作很不理解，但他仍然非常清楚地知道：沒有父親的疼愛和教誨，沒有父親在繪畫方面啟蒙和引導他，他就不可能有今天的成就。在這個世界上最值得讓他懷念的就是父親。

　　父親病故不久，畢加索的愛人伊娃也病倒了，醫生診斷為支氣管炎。不久，連畢加索也生病了。在臥牀養病期間，畢加索發現巴黎許多報刊都詳盡地報道了他的健康狀況，他已不再默默無聞了。事實上，隨着「立體主義繪畫」得到越來越多人的理解和認同，畢加索的名氣已跨越了法國國界，傳到世界各地。這一年，在**慕尼黑**[①]、柏林、紐

知識門

柏林：

德國的首都，位於德國東北部。1949年至1990年間被分割成東柏林和西柏林，並建起「柏林圍牆」。後來圍牆被推倒，東德和西德統一，柏林再次成為德國首都。

[①] **慕尼黑**：德國南部的城市，是德國第三大城市。

約、**布拉格**等城市都舉辦了畢加索的畫展，並獲得了巨大的成功。

一九一四年三月，畢加索的《馬戲團演員》畫作獲慕尼黑一位收藏家以一萬一千五百法郎高價收購，這幅畫在六年前僅值一千法郎。

正當畢加索的事業蒸蒸日上的時候，第一次世界大戰爆發了。一九一四年八月二日，法國對德國宣戰，畢加索的許多畫家朋友，包括布拉克都要服兵役，應國家的徵召奔赴戰場。

畢加索因為沒有加入法國國籍，所以沒有服兵役的義務，繼續留在巴黎。這時伊娃的病情越來越重，她患的不是支氣管炎，而是肺結核。肺結核在那時就像現在的癌症一樣，極難治癒。伊娃把咳血的手帕藏起來，不敢向畢加索說明自己的病情，她怕畢加索知道之後會拋棄她。

一九一五年年底，病魔終於奪去了伊娃的生命，畢加索在悲哀中孤零零地度過了一生中最暗淡的聖誕節。周圍的事物充滿了他和伊娃的回憶，使他常常觸景傷情，陷入對伊娃無盡的思念當中。為了擺脫這傷感的情

知識門

布拉格：

當時是捷克斯洛伐克的首都。捷克斯洛伐克現分為捷克共和國與斯洛伐克共和國，布拉格現為捷克共和國的首都，位於歐洲大陸中心位置，本身就是一座歷史名城、文化重鎮。

緒，不久後他又一次搬家了。

戰爭嚴重影響了畢加索的收入，買畫的人大大減少。為了生活，畢加索投入到一項新的工作，那就是為狄亞基列夫芭蕾舞團的舞劇《巡遊》設計演員服裝和舞台布景。這項工作為畢加索提供了前所未有的、規模宏大的作畫機會。看到自己設計的舞台布景甚有氣勢地掛在舞台上，畢加索十分滿足。

一九一七年，畢加索跟隨芭蕾舞團到意大利各地演出，期間他參觀了**維蘇威火山**和**龐貝古城**遺址，還愛上了芭蕾舞劇團的演員奧爾佳。

奧爾佳比畢加索小十歲，出生於**烏克蘭**，是一名俄軍少校的女兒。她為人正派，不喜歡放蕩不羈的藝術家，對畢加索的藝術也沒有興趣。她問畢加索：

「你說你愛我，你到底愛我什麼呢？」

「你很漂亮，長髮披肩，而且

知識門

維蘇威火山：
在意大利南部，海拔約一千二百多米，每次噴發後的高度都不同，是世界著名的活火山之一。最近一次有紀錄的噴發是在1944年。

龐貝古城：
約建於公元前七世紀，距維蘇威火山約十公里。公元79年，維蘇威火山大爆發，淹沒了龐貝城，火山灰、泥漿等積聚達數米厚。

烏克蘭：
位於東歐，首都是基輔。東面與俄羅斯連接，西面有波蘭、匈牙利等國，是歐洲第二大面積的國家。

不管從哪個角度看上去，你都非常迷人。」

奧爾佳笑了：「比我漂亮的姑娘多的是，你怎麼不去愛她們？」

「因為你是俄國姑娘，我喜愛**俄羅斯**文化的博大精深，我還學習過俄語。」畢加索認真地回答。

奧爾佳終於抵擋不住畢加索的愛情攻勢，接受了畢加索。

在意大利各地演出期間，畢加索還與俄國作曲家斯特拉文斯基成了好朋友。畢加索為他畫了一幅肖像，可笑的是，斯特拉文斯基帶着這幅肖像離開意大利時，竟遇到了麻煩。

邊境檢查站的哨兵扣下了這幅肖像，並向站長説：

「報告長官，我們發現了一幅軍事地圖。」

邊境檢查站的站長看完這幅「軍事地圖」後，嚴肅地問：

「你打算把這幅軍事地圖帶給誰？」

斯特拉文斯基哭笑不得，解釋道：｜這不是軍事地圖，這是我的肖像。」

站長仔細地看了半天，無法確定這是一幅肖像畫還是「軍事地圖」，於是下令道：

知識門

俄羅斯：
俄羅斯聯邦的簡稱，也叫俄國。國土橫跨歐洲和亞洲，是全球面積最大的國家，首都是莫斯科。

「非常時期，可疑物品一律扣下。」

斯特拉文斯基急了：「你硬要說這是地圖，那它也是我面孔的地圖。」

站長警告斯特拉文斯基：「我說扣下就扣下，你再胡鬧，我連你也一起扣下。」

秀才遇到兵，有理說不清，肖像畫就這樣被當成「軍事地圖」給扣下了。

畢加索和奧爾佳同居後，經常為奧爾佳畫像。奧爾佳對畢加索說：

「你給我畫像，起碼得讓我能認出自己的面孔，別又畫出來後讓人家以為是什麼『軍事地圖』。」

「那當然。」

畢加索的畫從這時起開始趨向現實和傳統，他創作的《座椅上的奧爾佳》，讓那些認為「畢加索是古典美的破壞者」的人不得不佩服，因為這幅畫體現了畢加索運用傳統畫法的熟練能力。這幅畫畫得不但準確，而且極富人情味。

畢加索隨芭蕾舞劇團回到闊別五年的故鄉巴塞隆拿時，他帶了奧爾佳回家，畢加索的母親非常喜歡奧爾佳。在他們離開巴塞隆拿時，畢加索把《座椅上的奧爾佳》送給了母親。

一九一八年七月，畢加索和奧爾佳在巴黎一座**東正教**教堂裏舉行俄國式的婚禮，這是他第一次正式結婚。以前他和費爾南多、伊娃只是同居關係，至於那些他早已忘記名字的女朋友，只是一夜情的關係而已。

知識門

東正教：
也叫「正教會」、「東正教會」等，屬於基督教的一個教派。

婚後的頭幾年，畢加索十分尊重，甚至遷就奧爾佳的貴族生活方式。他通過妻子的幫助，成功躋身上流社會的交際圈，他的名氣和畫價也因此與日俱增。到一九二一年，畢加索的年收入已高達一百五十萬法郎。

同年，奧爾佳生下一個兒子，取名保羅。這時畢加索已四十歲，他初次嘗到當父親的滋味。他整天懷着強烈的好奇心觀察兒子，並畫下大量母親與孩子的素描。他在畫上不但記下日期，而且連作畫的時間也記下。每幅畫作都表達了他對兒子的疼愛和當上父親的自豪感。從一九二二年到一九二四年，畢加索的作品包括：以新**古典主義**[①]手法繪畫的《母與子》、揉合古典主義與現實主義畫成的《裸女》，還有比以往的畫作滲進更多生活

[①] **古典主義**：西歐文學藝術上的一個流派，主要特點是模仿古希臘、羅馬的藝術形式。

氣息的《戀人們》和《披藍紗的少女》。

　　畢加索擁有了事業、家庭、社會地位，可是他卻對上流社會虛偽的應酬一日比一日感到厭煩，對妻子的尊重和遷就也使他越來越難受，惟有寄情於藝術創作，在繪畫藝術中不斷追求和探索。

　　立體主義、古典主義、超現實主義……畢加索不斷地嘗試和探索當時各種流行的繪畫方式。他討厭平庸，喜歡標新立異。《三個音樂師》、《三個舞蹈者》、《吉他》……一幅幅至今仍然令人費解的畫作在他的畫筆下創作出來了。

　　《吉他》這幅畫，與其說是畫出來的，不如說是「造」出來的。畢加索用破布、琴弦、油漆和牆紙「製造」了這幅畫，作品上還有十七顆兩英寸長的釘子，這些釘子從畫的背面直透畫布，釘尖直刺向觀眾。他甚至想在畫布上黏上刮鬍子的刀片，讓人無法接近。這些莫名其妙的做法，在崇尚自由和創新的巴黎贏來了一片喝彩聲。他的名氣越來越響亮，他的畫作也越來越昂貴。不知道是他的畫價抬高了他的名氣，還是他的名氣提高了他的畫價。總之，一切都向好的方面發展，並互相影響着。

1. 斯特拉文斯基的肖像畫，為什麼會被邊
   防檢查站的哨兵認為是「軍事地圖」？
2. 畢加索的第一次婚姻對他有什麼影響？

八 舉世聞名的《格爾尼卡》

畢加索的繪畫風格多變，他的愛情也是多變的。他和奧爾佳的婚姻維持了不足二十年，到一九三七年離婚收場，但是他早在一九二七年就移情別戀了。這年年初，他在一家畫廊的櫥窗前邂逅了比他小三十歲的瑪麗‧泰萊絲，她那美麗的容貌一下子就吸引了畢加索。畢加索目不轉睛地盯着她，她也不解而大膽地盯着畢加索。

畢加索像認識所有女朋友那樣對瑪麗‧泰萊絲説：「小姐，你長得太迷人了，我能為你畫張肖像嗎？我是畢加索。」

畢加索當時已經很有名了，可是瑪麗‧泰萊絲卻不認識他。她有點迷惘地説：「我對畫畫一竅不通。」

畢加索十分自信地説：「讓我給你畫幅肖像，你就明白什麼是畫畫了。」

就這樣，畢加索開始了對瑪麗‧泰萊絲的追求。他坦率地把自己的婚姻狀況和有一個六歲兒子的事情告訴了瑪麗‧泰萊絲。

瑪麗‧泰萊絲開始時拒絕了畢加索的愛意，直到

半年後，她才接受了畢加索，並開始與他同居。畢加索滿心歡喜地把她安置在離自己住所不遠的一套房子裏。瑪麗‧泰萊絲年輕活潑，熱情奔放，喜歡體育運動。在畢加索的眼裏，她既有費爾南多的性感，又有伊娃的天真，還有奧爾佳的高貴。

在瑪麗‧泰萊絲的感染下，畢加索創作了一批完美而健康的裸體畫，如《鏡前的少女》、《沉睡的裸婦》等。這些畫給人耳目一新的感覺，而且大多以瑪麗‧泰萊絲作為模特兒。這段期間，畢加索還嘗試在雕塑方面發展，創作出大批雕塑作品。

畢加索與瑪麗‧泰萊絲同居後，他和奧爾佳的關係日益惡化，並在一九三五年開始分居。同年，瑪麗‧泰萊絲為畢加索生下一個女兒。畢加索為了紀念早年病逝的妹妹，給女兒取名為瑪雅。

一九三六年，畢加索又愛上了青年女畫家多拉‧瑪爾，並與她同居。多拉‧瑪爾年輕漂亮，會畫畫、攝影，還能說一口流利的西班牙語。她的這些優點都是瑪麗‧泰萊絲無法比擬的，不過，畢加索並沒有因此而放棄瑪麗‧泰萊絲，於是這兩個女人經常為了畢加索而爭風吃醋，有時甚至大打出手。

一九三七年，畢加索第一次的婚姻走到了盡頭，奧

爾佳在分得大批財產後離他而去。功成名就的畢加索總有無窮無盡的煩惱，但這一切都沒有影響他對繪畫藝術的熱愛和追求。這一年，畢加索創作出驚世駭俗的巨型油畫——《格爾尼卡》。

這年年初，西班牙政府委託畢加索為巴黎世界博覽會西班牙館創作一幅畫。這是祖國的委託，他不好拒絕，但他又討厭奉命作畫，加上身邊的幾個女人，兩個在爭風吃醋，一個在鬧離婚，所以他站在畫布前心煩意亂，遲遲無法下筆。

四月二十六日，德國**納粹**空軍為了試驗炸彈的威力，竟出動四十三架轟炸機，對西班牙的小鎮格爾尼卡狂轟濫炸了長達三個半小時，結果炸死無辜百姓一千六百五十四人，炸傷八百八十九人，鎮上絕大部分建築被夷為平地。

消息傳出後，舉世震驚。

畢加索於五月一日得知這個消息，作為一個西班牙人，作為一個愛國主義者，作為一個著名畫家，他立刻創作了一幅名為《格爾尼卡》的巨幅油畫，聲討暴行。他用短短的十

知識門

納粹：
來自德文「國家社會主義者」的簡寫，也指納粹黨。納粹黨黨魁希特拉在 1933 年成為德國總理，後出任德國元首，並實行獨裁統治，這段時期的德國也叫「納粹德國」。1945 年，德國在第二次世界大戰中戰敗，納粹黨被解散。

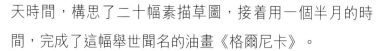

天時間，構思了二十幅素描草圖，接着用一個半月的時間，完成了這幅舉世聞名的油畫《格爾尼卡》。

《格爾尼卡》長三百四十九點九厘米，寬七百七十六點六厘米，主要由黑、白、灰三種顏色繪畫而成。畢加索在這幅畫中，幾乎把他使用過的所有藝術手法都運用出來了，立體主義、半寫實、寓意和象徵性⋯⋯

這幅畫的左邊是一個懷裏抱着孩子的母親，她仰面朝天，好像驚恐地望着高空飛過的轟炸機和炸彈；右邊是一個雙手高舉、高呼救命的婦女；下面是一名犧牲了的戰士，他雖然倒下了，但手裏仍拿着折斷的利劍；上面是一個手提油燈的見證人，他正目瞪口呆地看着這一切。圖畫中還有一匹嘶叫着的受傷的馬，以及一頭仰首站立的牛。畢加索在這幅畫裏沒有直接描繪轟炸機和炸彈，卻把戰爭造成的死亡與恐怖表現得淋漓盡致。

多拉·瑪爾在畢加索創作《格爾尼卡》的過程中，拍下大量照片，為日後人們研究畢加索留下了極為珍貴的資料。過去人們一般認為畢加索創作《格爾尼卡》共有八個創作階段，後來多拉·瑪爾於一九九七年逝世時，人們在她的遺物中發現了十二段創作過程的照片。

《格爾尼卡》在巴黎世界博覽會上展出後，引起極大的迴響，後來又送到挪威、英國和美國巡迴展出，但

因第二次世界大戰爆發，這幅畫無法運回歐洲。直到畢加索去世以後，在一九八一年，《格爾尼卡》才按照畢加索的遺願，運回西班牙馬德里普拉多博物館。現在這幅畫已成了西班牙的無價國寶，人們在畫前設置了防彈玻璃，並由荷槍實彈的士兵日夜守護。

第二次世界大戰爆發前夕，畢加索的母親因病逝世，享年八十三歲。當時西班牙發生內戰，**佛朗哥**的軍隊與共和政府軍隊正打得難分難解，局勢十分混亂，畢加索因而無法回去參加母親的葬禮。

世界上最親的人莫過於母親，畢加索想到母親對他從小就非常寵愛和支持，而他成名後卻不能陪伴在母親身邊，讓她享受天倫之樂，現在母親逝世了，他甚至不能回去參加她的葬禮。想到這裏，畢加索不由地恨透了戰爭。

一九三九年九月三日，第二次世界大戰爆發。美國大使館曾向畢加索發出邀請，請他到美國去避難。但畢加索拒絕了，他不願意離開自己熟悉的一切。

一九四〇年，德國軍隊成功繞過法國人花了三萬兩

知識門

佛朗哥：

西班牙元首、長槍黨首領，出生於軍人家庭。1936 年發動武裝叛亂，使西班牙爆發三年內戰。在德國和意大利支持下，1939 年奪取政權，出任「國家元首」，並實行獨裁統治。

千億法郎建成的**馬奇諾防線**，這號稱「無法逾越」的防線，卻落到不戰自廢的下場。不久，巴黎陷落。寒冬來了，**黑市**①煤不但貴，而且很難買到。德國人給畢加索額外配發了一些取暖用的煤，但畢加索拒絕了，他說：「西班牙人從來不怕冷。」

一天，一個德國軍官來到畢加索的住處檢查，他看到桌子上放著《格爾尼卡》的照片，他問畢加索：「這是你的傑作？」

「不！」畢加索冷冷地對德國軍官說，「這是你們的傑作。」

戰爭期間，畢加索仍然抓緊時間畫畫。他的畫沒有直接表現戰爭，卻充滿了對戰爭的詛咒。

到了一九四二年，法國地下組織日益活躍，畢加索身邊有不少朋友參加了法國共產黨領導的抵抗運動。在這些人的影響下，畢加索對法國共產黨越來越有好感。

知識門

馬奇諾防線：
第二次世界大戰前，法國為防備德國進攻，在接連瑞士到比利時之間的東部國境上，用鋼筋、混凝土建築而成的防禦工事。長約七百公里，名字取自當時的法國陸軍部長馬奇諾。當中有炮台、彈藥庫、醫務室、發電設備、鐵路軌等。

---

① **黑市**：非法交易的市場。

想一想

1. 《格爾尼卡》是在什麼情形下創作的？

2. 畢加索在《格爾尼卡》這幅畫中，反映了什麼主題？表達了什麼感情？

九 加入法國共產黨

在德國納粹軍佔領法國期間，畢加索在巴黎閉門作畫。這時，他希望能有機會舉行一次畫展，但遭到德國軍方的禁止。

畢加索在戰爭期間創作了《裸女與音樂師》、《牛的頭蓋骨》、《公牛頭》雕塑、《抱小山羊的男人》青銅雕塑等大批作品。其中《裸女與音樂師》表現出一個瘦骨如柴的裸體女子被綁在受刑架上，無助、無奈、飽受屈辱，這求生不得、求死不能的處境，很容易使人聯想起在納粹鐵蹄踐踏下的各國人民。

在《牛的頭蓋骨》一畫中，畢加索利用黑色、紫色等營造出一種異常恐怖的氣氛。畫面中有一副牛的頭蓋骨和一朵鮮花。畢加索從小對祖國的傳統娛樂鬥牛情有獨鍾，畫面中出現的牛頭蓋骨表達了畢加索對祖國的懷念，寄託了他對國家命運的擔心，但在表達對暴力的極度憤怒之餘，畫面中出現了一朵綻開的白色花，暗示了畢加索對光明的期盼。

至於《抱小山羊的男人》青銅雕塑，則寄託了畢加

索對祖國人民的懷念。雕塑中的男人和小山羊都流露着痛苦的表情，卻又表現出一種堅毅不屈的精神。

在法西斯的統治下，畢加索沒有放棄對繪畫藝術的追求，同樣地，他沒有放棄對愛情的追求。一九四三年五月的一天，畢加索和多拉‧瑪爾到一家小餐館吃飯，發現鄰桌坐着一個非常漂亮的女子，她身材苗條，有一雙藍色的大眼睛。

畢加索竟然不顧多拉‧瑪爾在場，端着一盤櫻桃，微笑着向那個女子走去：

「你好，你真漂亮。我是畢加索，能告訴我你叫什麼名字嗎？」

「你好，畢加索先生，很榮幸認識你。我叫弗朗索瓦絲，我也是一個畫家。」

「你也是一個畫家？」畢加索笑了，他用帶嘲諷的口吻説，「這可是我今天聽到最有趣的事了。」

「你憑什麼笑我？」弗朗索瓦絲嚴肅地説，「我決心獻身繪畫藝術，現在正和其他朋友一起舉辦畫展。」

「是嗎？」畢加索不再嘲笑她了，「如果有空，我歡迎你來我的畫室參觀，我們可以交流一下。」

「什麼時候？」弗朗索瓦絲高興地問。

「什麼時候都行。」

就這樣，他們開始交往了，這時畢加索已經六十二歲，而弗朗索瓦絲只有二十二歲。當弗朗索瓦絲第一次參觀完畢加索的畫室準備離開時，畢加索對她說：

「歡迎你以後常來，但願你喜歡我這個人，如果只是想着畫，那還不如去博物館。」

後來，弗朗索瓦絲果然成了畢加索畫室的常客，他們很快發展成為情侶。

一九四四年六月，**盟軍**在**諾曼底**登陸，八月巴黎宣告解放。由於畢加索在戰時是德軍封殺的頭號畫家，在解放後他立即身價百倍。許多美國士兵絡繹不絕地來到他的畫室參觀，並留下許多巧克力、口香糖和糖果作為禮物。

一天，一位傳奇人物——隨軍的美國作家**海明威**也來拜訪畢加索，恰巧那天畢加索不在家。看門人已習慣別人留下禮物，就問海明威是否有什

知識門

盟軍：
第二次世界大戰中同盟國的軍隊。同盟國的成員包括蘇聯、美國、英國、法國、波蘭、中國等，與德國、日本、意大利這三個國家組成的「軸心國」對抗。

諾曼底：
位於法國西北部，北臨英吉利海峽。諾曼底戰爭是第二次世界大戰時一次著名的戰役。

海明威：
美國記者，也是有名的作家，1954年獲諾貝爾文學獎，被譽為「二十世紀最著名的小說家」之一。代表作有小說《老人與海》、《永別了，武器》等，作品以簡練著稱。

麼禮物留下。海明威愣了一下，回答説：

「當然有禮物，你等着。」

他轉身從他乘坐的吉普車上搬下一箱手榴彈，送進了畢加索的畫室，並留下一張紙條，上面寫着：「送給畢加索。海明威贈。」

不久，法國文化機構為畢加索舉辦了戰爭期間作品的大型回顧展。展覽引起極大反響，各國畫商爭相購買畢加索的作品，這時他的畫價比二十年前要高出一百倍。

一九四四年十月，畢加索加入法國共產黨，並發表了一篇《我為什麼加入共產黨》的聲明。他在聲明中説：「我驕傲地聲明，我從沒有把繪畫當作單純消遣的藝術，或是藉此逃避現實。我想通過繪畫和畫中的色彩，作為我的武器，深入地了解世界和人，以便使這種了解一天一天地、越來越能夠解放我們每一個人。這些年來的可怕壓迫已向我證明，我不僅要以我的藝術來鬥爭，而且要以我整個身心來鬥爭。因此，我毫不猶豫地加入了共產黨，因為我從一開始就是與共產黨相通的。」

畢加索加入法國共產黨後，許多畫商開始拒絕買他的畫，但表示只要他退黨，他們就會比以前更踴躍地買他的畫。畢加索拒絕了，他說只要法國共產黨代表着工人階級中大多數人的利益，他就決不會退黨。

一九四五年，畢加索創作了巨幅油畫《屍體存放所》，畫面是一堆破碎的屍體放在白色的桌子下，還有一隻空水罐和一個空飯鍋。畫幅巨大，僅次於《格爾尼卡》，這幅畫的創作靈感來自恐怖的納粹集中營。

黨內不少人認為這幅畫沒有表現重大的勝利，只是表現了血腥和恐怖，畢加索卻認為他這樣創作自有他的道理。繪畫作品不一定要歌功頌德，揭露黑暗也是一種鬥爭。他認為藝術家同時也應該是政治家，繪畫不是用來裝飾房子的，它是向敵人進攻和保衛自己的武器。

弗朗索瓦絲這時已和畢加索同居，並不斷成為他畫中的主角。多拉·瑪爾無法忍受這種多角戀愛的精神折磨，前面有一個瑪麗·泰萊絲，後面又有一個弗朗索瓦絲，這成何體統？為什麼會這樣？她怎麼也想不明白，最後她精神崩潰了。

一天，她跑到畢加索面前，不顧一切地罵：「作為藝術家，你也許是偉大的，可是作為人，你在道德上一文不值。你與一個又一個女人在一起，然後把她們像擦腳布一樣扔進垃圾桶，你死了以後要遭報應的！」

畢加索愣住了，從來沒有人敢這樣罵他。看着滔滔不絕的多拉·瑪爾，他吃驚地發現她的精神狀態很不正常。於是，他叫人請來精神科醫生，把多拉·瑪爾帶走

並予以治療。後來，畢加索在法國南部的昂布蒂海岬為她買了一所房子，讓她在那兒養病。多拉‧瑪爾就一直住在那裏。

當弗朗索瓦絲知道畢加索和多拉‧瑪爾分手的消息後，她不但高興不起來，反而感到害怕。因為她知道，今天的多拉‧瑪爾，很可能就是明天的自己，但她又覺得自己離不開畢加索。她感歎道：「離開畢加索的生活是沒有激情的，有時我對他的渴望淹沒了其他一切。」

一九四七年，弗朗索瓦絲為畢加索生了一個兒子，取名克洛德。六十六歲的畢加索又有了一個兒子，他感到無比的幸福。

畢加索這年迷上了製陶工藝，他整天和陶土打交道，創作出一批陶器。一位藝術評論家說：

「畢加索即使不畫畫，僅憑這些陶器，也是當之無愧的藝術大師。」

想一想

1. 畢加索認為畫畫有什麼作用？

2. 你對畢加索的感情生活有什麼評價？

十 和平鴿飛向世界

一九四八年八月，畢加索收到由共產黨在**波蘭**召開第一屆世界和平大會的邀請。他接受了邀請，並願意以自己的聲譽支持共產黨發起的和平大會。因為他一直保留西班牙國籍，卻又不願向西班牙佛朗哥政權申請護照，所以他既沒有西班牙護照，也沒有法國護照，出國成了問題。最後，波蘭政府特別批准他在無護照的情況下進入波蘭國境，他才得以成行。

在前往波蘭開會的前一天，畢加索榮獲「法國文藝復興大獎」。在開會期間，他又獲波蘭總統授予「波蘭文藝復興司令十字勳章」，表彰他對大會作出的貢獻。但畢加索對大會的內容提不起興趣，他坐在自己的座位上聽報告時，就像一個上課走神的小學生一樣，不時摘下耳機，拿出速寫本在上面畫人物速寫。

在一次晚宴上，一名前**蘇聯**官員

知識門

波蘭：
位於中歐東北部，首都是華沙。

蘇聯：
蘇維埃社會主義共和國聯盟的簡稱。1922年，俄羅斯與烏克蘭等十五個加盟共和國組成蘇聯，直到1991年，蘇聯解體。

對畢加索頹廢的繪畫和他的印象主義、超現實主義風格表示不滿。畢加索立即糾正這位官員，説：「對不起，我的畫是立體主義！而不是什麼印象主義和超現實主義。」

又在一次記者招待會上，畢加索在記者的慫恿下，一時興奮便脱去了外衣，展示自己漂亮的棕色肌膚，讓記者拍照，這些照片很快就傳遍了全世界。人們對名人的怪誕行為總是十分包容的。

第二年四月，巴黎舉行了第二屆世界和平大會，畢加索應邀為這次大會設計一幅宣傳畫——石版畫《家鴿》，這是他從小就熟悉和喜愛的題材。在父親的影響下，他曾經無數次畫鴿子，並有養白鴿的習慣。

不久，這隻鴿子便以象徵和平的形象飛遍了巴黎，飛向了全世界，人們把牠叫做「和平鴿」。鴿子從此有了世界公認的象徵意義。這隻鴿子的影響如此大，是畢加索始料不及的。恰好這時弗朗索瓦絲為他生下了一個女兒，畢加索為她取名帕羅瑪，帕羅瑪在西班牙文中就是「鴿子」的意思。

畢加索設計的和平鴿給他帶來了好運，他的聲譽進一步提高了。一九五〇年十一月，畢加索榮獲「列寧和平獎」及獎金。

第二次世界大戰的硝煙還沒散盡，朝鮮半島又燃起了新的戰火。全世界的人都關注這場戰爭，擔心會否由此引發新的世界大戰。

一九五一年，畢加索懷着極其憤怒的心情，創作了《在朝鮮的屠殺》，旗幟鮮明地反對這場戰爭。這幅畫的右邊是一羣穿得像機器人的士兵，他們正舉槍打算向這幅畫左邊的一羣手無寸鐵的婦孺掃射。赤身裸體的婦女無奈地對着槍口，孩子們驚恐不已。而最具感染力的，是一個小孩還在地上玩耍，一點也不知道死亡即將來臨。

這幅畫主題明確：反對戰爭、反對侵略、反對屠殺。這幅畫以震撼人心的力量反映了畢加索的人道主義立場。值得一提的是，前蘇聯後來出兵**匈牙利**時，這幅畫被波蘭的華沙市民陳列在街頭，以表示強烈抗議前蘇聯出動坦克鎮壓匈牙利羣眾。

知識門

匈牙利：

位於中歐，境內有多瑙河和歐洲最大的內陸湖巴拉頓湖，首都布達佩斯有「多瑙河畔的明珠」的美譽。

就在畢加索創作《在朝鮮的屠殺》的同一年，弗朗索瓦絲在巴黎舉行了個人畫展，她的畫受到各方面的好評。她和畢加索生下的兒子克洛德和女兒帕羅瑪也喜歡畫畫，他們畫起畫來總是十分認真、入迷。畢加索像父

親鼓勵自己那樣，不斷地鼓勵他們，但從不給予具體指導，他覺得太具體的指導反而會扼殺孩子畫畫的自由和天性。

有一次，畢加索興致勃勃地參觀了一個兒童畫展。記者們圍上來請他發表觀感時，他幽默地說：「當我像他們這麼大時，我就能畫得像**拉斐爾**①，可是我畫了一輩子，才學會畫得和他們一樣。」

一九五二年，畢加索應瓦勞利教堂的邀請，創作了兩幅巨型油畫：《戰爭》與《和平》。因為畫幅巨大，需要在畫室搭起**腳手架**②才能工作。當一切準備工作就緒後，他把大兒子保羅叫來，說：

「我要開始畫畫了，在這期間，你要幫我把好門，誰也不許進入我的畫室。」

「你最好的朋友也不許嗎？」保羅問。

「是的！」畢加索堅決地回答道，「萬一我什麼時候忘記了，邀請別人來看我畫畫，你也要堅決地拒絕他。」

「明白了！」

---

① **拉斐爾**：意大利文藝復興時期的畫家、建築師。
② **腳手架**：為便建築工人在高處工作而搭起的架子，用鐵管或粗竹竿搭成，用完就拆掉。有些畫家創作大型畫作時，也會為了在高處畫畫而使用腳手架。

後來畢加索用了整整兩個月的時間，完成了《戰爭》與《和平》。

在《戰爭》一畫中，兇狠的戰魔噴吐着罪惡的烈焰，焚燒着象徵人類文明的書籍，各種討厭的小毒蟲四處橫行，從而帶出戰爭造成的無法言喻的恐怖。從右向左移動的瘋狂雜亂的行列，被一個象徵正義的人阻止住了，這個象徵正義的人右手拿着長矛，左手拿着畫有鴿子的盾牌。

在《和平》一畫中，他畫了一個兒童，驅趕着一匹套在犁子上的**繆司**神的飛馬，來象徵和平。另外還有一羣正在跳舞的女人，在她們中間正進行着一場雜技表演。表演者平穩地舉着一根槓桿，槓桿的一頭是裝了魚的籠子，另一頭是裝着燕子的金魚缸。畢加索似乎用這種表現手法告訴人們：幸福來之不易，要好好珍惜。

> **知識門**
>
> **繆司：**
> 希臘神話中九位主管文藝和科學的女神的通稱。有說她們是眾神之王宙斯和記憶女神的女兒，也有說她們一共有三位。

這兩幅畫畫好後，先後運到意大利的羅馬和米蘭展出，而且一直都分開陳列，人們沒有看出它們的奧妙之處。後來這兩幅畫運回瓦勞利教堂放在一起時，人們才發現，這兩幅主題對立的畫竟然可以完美無暇地連接起

來，變成了一幅完整的畫。對此，畢加索自豪地說，他在作畫時從沒有用工具測量過，只是憑肉眼和自己的感覺畫出來，而且畫的時候，這兩幅畫也是分開繪畫的。

就在這年，畢加索在陶藝工作坊認識了二十七歲的傑克琳。當時她剛離婚，身邊還帶着一個四歲的小女孩。傑克琳嬌小玲瓏，會講一些西班牙語，還會揣摩畢加索的心思。畢加索很快和她親近起來了。

畢加索和傑克琳的親近，導致他和弗朗索瓦絲疏遠了。一九五三年，弗朗索瓦絲帶着孩子離開了畢加索。不久，畢加索就和傑克琳正式同居了。

這年，七十二歲的畢加索分別在法國、意大利和**巴西**舉辦了畫展。參觀畫展的人很多，畫展辦得相當成功。他對採訪的記者說：

「過去好多年，我拒絕展出我的畫，甚至不肯讓人給我的畫拍照，但是我後來認識到，我一定要把畫展示出來⋯⋯這需要勇氣。人們收藏了我的畫，但不懂他們是收藏了什麼，其實每一幅畫都注入了我的一瓶鮮血，這就是我的畫。」

知識門

巴西：

位於南美洲東部和中部，是南美洲面積最大、人口最多的國家，境內有著名的亞馬遜河和亞馬遜熱帶雨林。1960 年，巴西的首都由里約熱內盧改為巴西利亞。2016 年夏季奧林匹克運動會就在巴西里約熱內盧舉行。

想一想

1.「和平鴿」是怎樣來的？它象徵了什麼？

2.《戰爭》與《和平》這兩幅畫傳達了什麼信息？它們有什麼特別的地方？。

十一　與中國繪畫大師會晤

一九五六年，著名中國國畫大師張大千赴巴黎舉辦畫展。畢加索當時也在巴黎附近舉辦陶器展。張大千年輕時就久聞畢加索的大名，所以很想趁此機會拜訪畢加索。

不料，他的想法遭到身邊所有人的反對，因為當時畢加索的聲望如日中天，架子極大，不管誰來拜訪，都會吃閉門羹。而且，張大千當時在巴黎辦畫展備受各界注目，他的地位儼然等同中國畫家的代表，萬一遭到拒絕，整個中國文藝界、**僑界**都會很沒面子，所以大家都勸張大千放棄拜訪畢加索的念頭。

但是，張大千也是個脾氣倔強的人，大家越是勸他不要拜訪畢加索，他就越想見見畢加索。他覺得自己遠道而來，以禮求見，就算遭到拒絕也不介意，不必看得太重。

他想盡辦法，終於和畢加索聯繫上了。正好這時畢

知識門

張大千：

中國著名畫家，四川內江人，年幼時開始畫畫，晚年創造出潑墨畫技法。

僑界：

在異地或外國寄居的人。這裏指在巴黎居住的中國人。

加索對中國畫產生了興趣，正在研究中國畫，聽説有位中國畫家想見他，就一口答應了。

　　見面後，他們談得很投契。畢加索一生創新求變的藝術精神給張大千很大的啟發，後來張大千把西方繪畫的技術融入到中國山水畫之中，創造出潑墨作畫的新畫風。而張大千告訴畢加索**墨分五色**、充滿層次變化的道理，畢加索也聽得津津有味。

　　當張大千談到中國畫注重精神意境而不太拘泥外表形式時，畢加索不由地大加讚賞。他甚至對張大千説：「縱觀世界而言，第一只有中國人有藝術……」張大千雖然覺得畢加索的話講過了頭，但他還是很高興，畢竟這是在誇獎中國的藝術。

　　兩個人正談得開心，突然一位和畢加索很熟悉的畫商走了進來。

　　「你怎麼來了？」畢加索問他。

　　「我帶來了五幅署着你名字的作品，想請你**鑒定**①一下真偽。」畫商解釋説。

知識門

墨分五色：

中國畫畫技法。有説「五色」包括焦、濃、重、淡、清。主要是以水調節墨色的濃淡乾濕，使墨色變化豐富，能生動、有層次地表現物象。

---

① **鑒定**：辨別並確定事物的真偽、優劣等。

畢加索仔細地看了那五幅畫作，發現其中有兩幅是假的，但他卻不動聲色地對張大千說：「還是由你來鑒定一下吧！」

張大千知道畢加索是有意想考考自己，於是也不推辭，很快就把那兩幅假畫挑了出來。畢加索一看，大為高興，連連説道：

「中國畫家果然了不起，了不起！這兩幅假畫模仿得很像，連我都要仔細看才能看出來，沒想到你卻這麼快就把它們挑出來了。」

這時，剛才還因為畢加索叫張大千鑒畫而不高興的畫商也大吃一驚，不由地仔細打量起張大千來。張大千卻淡淡地說：

「中西藝術都是相通的。」

隨後畢加索告訴張大千他也在學習中國畫，並拿出自己畫的上百幅中國畫給張大千看。張大千看後，稱讚畢加索的筆觸粗獷有力而有**拙趣**[①]，但是墨色卻沒有變化，不符合中國人的審美趣味。張大千一邊説，還一邊給畢加索示範。畢加索終於明白了什麼是中國畫的「墨分五色」，並且讚不絕口。

[①] **拙趣**：看起來粗糙、笨拙，但卻很有趣味。

接着他們又談到中外繪畫的共通之處和不同之處，他們談了很久很久，雙方都覺得收穫很大。這兩個人有許多相同之處，例如：他們的創作生涯都很長，他們年輕時已經成名，他們都是開創時代新紀元的藝壇領導人物，他們對藝術的追求都很執着。

畢加索還興致勃勃地和張大千拍下許多合照。不久，歐美報刊圖文並茂地大幅報道他們這次歷史性會晤，還譽之為「中西方藝術史上值得紀念的歷程」。

一九五六年，畢加索七十五歲壽辰時，先後在美國各大城市——紐約、芝加哥和費城舉辦《畢加索七十五歲壽辰作品展覽會》，反應熱烈。

一九五八年，**聯合國教科文組織**請畢加索為新建的巴黎總部繪製一幅一千平方尺的巨型壁畫，他欣然允諾了。可是當時畢加索年事已高，無法再爬到腳手架上作畫，於是他將壁畫分成四十個畫面，一個畫面一個畫面地畫，然後再由他的助手把它們拼在一起。

揭幕式隆重而熱鬧，記者們的閃光燈不停地閃爍，巨大的帷幕向兩側

聯合國教科文組織：

聯合國教育、科學及文化組織的簡稱，成立於 1945 年 11 月 6 日。它的使命是通過教育、科學、文化等方面的傳播和交流，促進建設和平、消除貧困、可持續發展和文化間的對話。

緩緩拉開，激動人心的一刻來臨了。人們歡呼雀躍，但又莫名其妙，聯合國教科文組織的官員們也有同感。這到底是一幅大師的作品，還是幼兒園小朋友的胡亂塗鴉？

　　畢加索把這幅巨大的壁畫命名為《**伊卡洛斯**的墜落》。畫面表現的是追求太陽的伊卡洛斯墜入藍色的大海，他的肢體變成了幾條燒剩的白色殘骸。這畫面的圖案遠遠望去像是發光的火焰，又像是一株從海裏長出來的葉芽。

知識門

伊卡洛斯：

希臘神話中，有個叫代達羅斯的發明家和建築師，他為自己和兒子伊卡洛斯設計了飛行翼。伊卡洛斯戴上飛行翼後，興奮得忘記了父親的囑咐，飛得很高、很接近太陽，使飛行翼上的蠟因過熱而熔掉，最終伊卡洛斯從天上墜落到海裏。

　　聯合國教科文組織的宗旨是為了美好的未來而奮鬥，他們認為《伊卡洛斯的墜落》這個畫名與他們的宗旨相違背，於是他們將這幅畫改名為《生命與精神的活力戰勝邪惡》，並把畫作安放在聯合國教科文總部。

　　傑克琳和畢加索同居後，對他照顧得體貼入微。她把家裏打理得乾乾淨淨，令畢加索有一個舒適的生活環境。在畢加索畫畫時，她一連幾個小時坐在他旁邊，默默地看他作畫；在畢加索休息時，她想盡辦法為他烹調各種美食，讓他補充營養。出席公開場合時，傑克琳對

畢加索都表現得千依百順，但畢加索對她卻顯得粗暴和不近人情。

事實上，傑克琳是個控制慾非常強的女人，她所做的一切只有一個目的，就是徹底地控制畢加索。她設法阻止畢加索與外界接觸，尤其避免他和其他女人接觸。她一步步地控制着畢加索，使畢加索感到越來越孤獨。

他們私下經常爭吵，有時還吵得十分厲害。在一次激烈的爭吵後，畢加索不願再理睬她了。傑克琳絕望地說：

「你如果拋棄我，我就去自殺。」

畢加索見狀只好屈服。這時他年事已高，又還有許多創作計劃要完成，他沒有時間，也沒有精力和這個女人無休止地吵下去。再說，在畢加索眼裏，這個女人的確很愛自己，對自己的照顧也十分周到。他決定和這個女人一起度過自己的晚年，度過自己的餘生。

經過幾年的同居生活，畢加索終於和傑克琳正式結婚了。一九六一年三月二日，他們在瓦洛里市市政廳悄悄地舉行了婚禮，這時畢加索已經八十歲，而傑克琳才三十六歲。這是畢加索第二次，也是最後一次正式結婚。婚禮後的兩個星期，報紙才刊登出畢加索再婚的消息。

想一想

1. 畢加索和張大千的繪畫風格不一樣，為什麼兩人談得這麼投契？

2. 人們把畢加索和張大千這次的會晤稱作「中西方藝術史上值得紀念的歷程」，原因是什麼？

十二 晚年生活

　　畢加索的晚年是輝煌的；但畢加索的晚年也是悲哀的。

　　一九六〇年夏天，畢加索在英國倫敦泰特美術館舉辦了他的作品大型回顧展，英國女王也參觀了這次畫展，並在發表觀感時說：

　　「畢加索是本世紀最偉大的藝術家。」

　　這時畢加索的畫已經賣到很高的價格了，他一幅早期的素描就能賣到上萬**英鎊**①，一幅早期的肖像可以說就是一筆財產了。

　　一九六一年，畢加索八十歲生日時，人們為他舉行集會慶祝。畢加索在兩個騎摩托車的警察護送下，和傑克琳一起徒步前往參加集會。他們身後有樂隊奏樂，四周有無數市民在歡呼。法國博物館管理局局長代表法國文化部部長出席了這次慶祝集會，同場還有法國共產黨、製陶工人工會、地方羣眾組織，以及文學、電影、

――――――――――――

① **英鎊**：英國貨幣。

音樂界的知名人士。晚上，人們舉行了盛大的煙火晚會和鬥牛表演。

一九六三年，巴塞隆拿畢加索博物館正式落成。在落成前夕，負責籌建的工作人員多次訪問畢加索，與他商議館內的陳設和展覽安排。畢加索和他們討論得很仔細，連什麼作品放在館內什麼地方，哪裏掛原作，哪裏掛複製品，他都一一關注到了。

一九六四年，畢加索在日本和加拿大舉辦了畫展。

一九六五年，曾經與畢加索同居的弗朗索瓦絲出版了一本書，名為《與畢加索生活在一起》。這本書先以英文出版，後又以法文出版。書中揭露了許多畢加索的隱私，並把他描繪成一個既可笑又可憎的人物。畢加索知道後怒不可遏，並想盡辦法阻止這本書發行，但沒有成功。他向法庭提出**起訴**[①]，要求法庭沒收和銷毀這本書，結果法庭駁回了他的起訴。畢加索不服，他再次起訴，弗朗索瓦絲的辯護律師反駁道：「畢加索不是聖人，難免會有缺點，批評一下也是可以的。弗朗索瓦絲的作品並沒有超越一個傳記作家的權力。而且，一部傳記不一定是要歌功頌德的。」

[①] **起訴**：向法院提出訴訟。

作為報復，畢加索從此拒絕再見他與弗朗索瓦絲所生的一對子女。

接連的敗訴，使八十四歲高齡的畢加索受到很大的精神打擊，更導致胃潰瘍發作，要入院接受手術。幸好手術很順利，他的身體很快就恢復了健康，連醫生都感到不可思議。

一九六六年，畢加索慶祝八十五歲大壽。法國為他舉行了大規模的畫展，法國文化部部長馬爾羅主持了這次畫展的開幕式，並在講話中盛讚道：「畢加索的畫是最偉大的創舉，他破壞了我們這個時代，也是千秋萬代的物體的形。」

畢加索儘管已是高齡老人，但還在不斷創作，不停地畫！一九七一年，在他九十歲大壽時，法國政府為他在巴黎羅浮宮舉行大型畫展，他參展的畫居然全都是新作品。當時的法國總統蓬皮杜親自為畫展剪綵，並發表熱情洋溢的演說：「畢加索是一座火山。不管他是在畫一張婦女的肖像，還是在畫一個丑角，他始終充滿了青春的活力。」

九十歲以後的畢加索還在不停地畫！不斷地畫！他要用無休止的工作來驅趕內心的孤獨與寂寞。他曾私下說：「我過的是囚徒般的生活。」

　　有人說：人對自己的死亡是有預感的，也許，畢加索也有過類似的預感。一九七二年初，他在一張畫紙上畫下一個頭像，面部用綠色的蠟筆塗成，表情驚慌，眼睛睜得很大，堅定中卻流露着驚恐，彷彿是在直視着死亡。有人認為這是一幅自畫像，因為畫中人的面部特徵與畢加索有相似之處，而且這幅畫貼切地反映了畢加索晚年孤獨無助的心境。

　　一九七三年初，畢加索病倒了。他的病一開始沒有引起醫生的重視，因為他的身體一向很好，幾年前他在胃潰瘍手術後很快恢復了健康就是很好的證明。何況畢加索現在雖然病了，可他還在堅持畫畫！傑克琳也一次又一次地對前來看望畢加索的人說：「他很好，他還在工作。」

　　一九七三年四月七日，星期六，這一天畢加索的精神很好。晚上他和傑克琳，以及他的公證人安特比一起共進晚餐，飯後還和他們興致勃勃地聊天。晚上十一時，畢加索回到畫室繼續畫畫，直到第二天凌晨三時才上牀休息。

　　畢加索醒來後已經無法起牀了，傑克琳立即叫來了家庭醫生，醫生為他注射了一支鎮靜劑，然後打電話請巴黎一位心臟病專家過來。等心臟病專家趕到時，畢加

索已經不行了。四月八日中午十一時四十分，畢加索離開了人世。他死的時候還睜着雙眼，彷彿還沒看夠這個世界，彷彿那些他沒做完的事讓他不能放心地離去，醫生只好用手幫他合上雙眼。

下午三時，巴黎電視台向全世界宣布畢加索逝世的消息。接着，一大羣記者蜂擁而至，前往**弔唁**①的人絡繹不絕，警察也趕來維持秩序。

四月十日，法國南部下了一場這個季節罕見的雪，靈車緩緩地離開畢加索的住所。傑克琳決定將丈夫安葬在沃夫納爾格堡。她不允許畢加索與其他女人所生的子女——瑪雅、克洛德和帕羅瑪參加父親的葬禮，他們的母親瑪麗‧泰萊絲和弗朗索瓦絲更被拒諸門外。

畢加索曾説：「我不怕死，死亡是一種美。我怕的是久病而不能工作，那是在浪費時間。」這樣看來，他一生中似乎沒有浪費過時間，直到臨終前的幾個小時，他還在<u>畫畫</u>。

畢加索離開這個世界已經四十多年了，他一直是個引人爭議的人物，我們到底應該怎樣評價他呢？

---

① **弔唁**：祭奠死者並慰問家屬。唁，粵音現。

　　尊重他的人認為他是一個了不起的畫家。他從小就有着非常扎實的素描基本功，二十多歲時就畫出了《亞威農少女》這樣的傑作，堪稱一位傑出的世界級繪畫大師。他一生都在追求、探索，並創立了「立體派」的繪畫，後來又創作出名畫《格爾尼卡》。他的繪畫作品高達六萬多幅，其中包括他那飛遍了全世界的和平鴿，另外還留下一千多件雕塑和接近三千件陶藝，這樣的人還不算是繪畫大師、出色的藝術家嗎？

　　他們還認為畢加索是一個富有正義感的戰士、愛國主義者。他在第二次世界大戰期間，寧可在飢寒交迫中度過，也不領取德軍配給他的煤。他還畫了大量以反對侵略、反對戰爭為題材的畫，這是多麼可貴的氣節！他終身保留着西班牙的國籍，這難道不是愛國的體現嗎？

　　另一方面，有人認為畢加索的畫根本就讓人看不懂，包括聞名於世的畫作《亞威農少女》和《格爾尼卡》。不但一般人看不懂，就連美術學院的教授也看不懂，聯合國教科文組織的官員也看不懂。難道大家都看不懂的東西才是藝術？畢加索的名氣是吹捧出來的嗎？他留下六萬多張畫有什麼了不起？這不正說明他在粗製濫造嗎？在畢加索的一生，平均每天要畫兩幅畫，這可能嗎？這麼多的作品，都算得上是藝術品嗎？

　　畢加索的畫作和藝術創作該如何評價，實在是見仁見智，畢竟每個人對藝術的認識不一樣，看待藝術品的準則也不同。在藝術創作以外，畢加索處理感情和人際關係的做法也值得商榷。他的情人多得連他自己都數不過來，更曾在同一時間與多個女人交往。他一輩子都在追求女人、拋棄女人的循環中度過，不能説是專一的人。這能算是一個高尚的人嗎？還是人們把他看作有個性的藝術家，因而對他做得好和做得不好的地方都一併接受呢？

　　雖然世界上對畢加索的評價眾説紛紜，但是值得注意的是，我們不應該用他的長處掩蓋他的不足，也不應該用他的不足抹殺他的優點。

　　也許，隨着人們對畢加索的深入研究，時間和歷史會給畢加索一個中肯的評價吧！

想一想

1. 怎樣看得出畢加索晚年仍熱衷於創作？
2. 如果以一百分為滿分，你會給畢加索多少分？為什麼？

畢加索生平大事年表

公元	年齡	事　件
1881年	／	生於西班牙的馬拉加市。
1889年	8歲	創作第一幅油畫《馬背上的鬥牛士》。
1896年	15歲	作品《最初的聖餐》參加巴塞隆拿的美術作品展。
1897年	16歲	作品《科學與仁慈》參加在馬德里舉行的全國美術展。後又榮獲省美術展金獎。
1900年	19歲	初次到巴黎。開始藍色時期。
1904年	23歲	在法國定居。開始紅玫瑰時期。
1907年	26歲	創作《亞威農少女》。 與布拉克創立立體主義畫派。
1921年	40歲	初為人父。畫下大量母親和孩子的素描。
1937年	56歲	創作大型壁畫《格爾尼卡》。
1940年	59歲	德軍佔領巴黎，禁止畢加索舉辦畫展，直到1944年。

公元	年齡	事　件
1942年	61歲	畫下《裸女與音樂師》、《牛的頭蓋骨》等作品。
1944年	63歲	加入法國共產黨。
1947年	66歲	迷上製陶工藝。
1949年	68歲	繪畫著名的《和平鴿》。
1950年	69歲	獲列寧和平獎。
1951年	70歲	創作《在朝鮮的屠殺》。
1952年	71歲	創作《戰爭》與《和平》。
1956年	75歲	與中國畫家張大千會晤。
1958年	77歲	為聯合國教科文組織創作巨型壁畫，取名為《伊卡洛斯的墜落》。
1961年	80歲	慶祝八十歲壽辰。從此與外界很少來往。
1963年	82歲	巴塞隆拿畢加索博物館正式落成。
1971年	90歲	在巴黎羅浮宮舉行畫展。
1973年	92歲	在家中病逝。遺體在沃夫納爾格堡安葬。

延伸知識

認識和平鴿

　　畢加索畫的鴿子成為了和平的象徵，舉世知名。原來，關於和平鴿的故事還不止這樣呢！一起來看看吧！

挪亞的鴿子

　　《聖經》裏提到，挪亞一家帶着一批動物在方舟上避洪水。洪水淹沒了很多地方，也持續了好一段日子。一天，挪亞派鴿子出去查看。不久，鴿子銜着橄欖枝飛回來了，挪亞認為這代表洪水已經退去了。人們認為這是關於「和平鴿」最早的故事。

畢加索鄰居的鴿子

　　1940年，納粹德軍攻陷巴黎。有指當時畢加索的鄰居飼養了一羣鴿子，有一天，鄰居老伯伯捧着一隻滿身鮮血的鴿子來找畢加索，説納粹德軍把他的孫兒和所有鴿子都殺掉了，希望能請畢加索為他畫一隻鴿子，以記念慘死的孫兒。畢加索聽了，心情沉重地畫了一隻鴿子。人們把這次畫成的鴿了視為「和平鴿」的雛形。

　　1950年，畢加索為了在波蘭華沙舉行的世界和平大會，畫了一幅白鴿銜着橄欖枝飛翔的畫。於是，人們都把白鴿和橄欖枝視為和平的象徵了。

　　畢作索曾經說自己不懂得畫兒童畫，但也有人認為畢加索的作品就像兒童畫。試寫一封信給畢加索，介紹一下兒童畫的特點，並說說你對畢加索畫作的看法。